保存できるから
まいにち"おいしい"が食べられる
バターを使わない
作り置きのお菓子

吉川文子

はじめに

うちにはいつも焼き菓子やデザートが、戸棚や冷蔵庫にスタンバイしています。

お菓子を作り置くようになったのは、日々溜まっていく試作品を
ビンや密閉容器に入れて保存していたのがきっかけですが、
家族や友人、教室の生徒さんに喜ばれたものは、いつしかわが家の定番となり、
くり返し何度も作るようになりました。

ほっとひと息ついたとき、
食後に甘いものがほしいとき、
急いでいる朝に、何か口にしたいとき、
急な来客のとき、
作り置きのお菓子はとても便利で、欠かせない存在となりました。

それらのお菓子に共通しているところは、
ある程度日持ちがして、作るのが簡単なこと、
シンプルなレシピで数多くの型や道具は必要ないこと、
そして毎日食べても飽きのこない味、という点です。

中でも作るのが簡単、というのは大事なポイント。
忙しい日常で、お菓子を作るのに多くの時間を割くのは難しいからです。

この本では、室温にもどしたり、溶かしたりといった、
ひと手間多くかかるバターの代わりに、植物油やヨーグルト、
生クリームなどを使い、軽い味わいで、
しかも手軽に作れるお菓子をご紹介しています。

数種類作ってもそれほど時間がかからないので、
いくつか組み合わせてプレゼントにしても喜ばれますし、
焼き菓子に冷たいデザートや作り置いたクリームを添えれば、
おもてなしにもぴったりです。

明日の朝はこれを食べよう！
家に帰ればあれがある！
今度の持ち寄りには、これを持っていこう！

作り置きのお菓子で、そんな楽しみを味わっていただけたらうれしく思います。

吉川文子

Contents

とっても簡単でおいしい
バターなしの作り置きお菓子　*6*

1章

焼きっぱなしで手間いらず
まとめて作れる **常備おやつ**

バニラサブレ　*10*
レーズンサンド　*10*
ジャムサンド　*10*
ほうじ茶きな粉サブレ　*12*
ジンジャークッキー　*12*
チョコレートチャンククッキー　*14*
ラズベリーショコラクッキー　*14*
黒糖くるみのボールクッキー　*16*
杏仁アプリコットのボールクッキー　*16*
カシューナッツサブレ　*18*
ミルクティークッキー　*20*
パンフォルテ　*22*
コーンミールサブレ　*24*
オレンジといちじくのビスコッティ　*26*
カプチーノビスコッティ　*26*
フラップジャック　*27*
ケーキ風アップルスコーン　*30*
ヨーグルトビスケット　*32*
クリームスコーン　*32*

2章

贈りものに、差し入れに
ほめられおやつ

バナナブレッド　*36*
フルーツケーキ　*38*
カステラ　*40*
ブラウニー　*42*
抹茶ホワイトチョコレートケーキ　*44*
ココナッツ・ピーカンバー　*46*
キャラメルチョコレートバー　*47*
レモンバー　*50*
ベリークランブルバー　*51*
アーモンドタルト　*54*
プルーンと紅茶のタルト　*56*
タルト・オ・シュクル　*58*
丸ごとアップルパイ　*60*

3章

ちょっと特別感にひたれる
冷たいデザート

オレンジ寒天　*64*
杏仁豆腐　*66*
フルーツポンチ　*66*
なめらかプリン　*68*
かぼちゃプリン　*69*
グレープフルーツのゼリー　*72*
紅茶のパンナコッタ　*73*
バニラババロア　*74*
ティラミス　*76*
バナナのフローズンヨーグルト　*78*
いちごのフローズンヨーグルト　*78*

4章

食べ方自由自在！
ビン詰おやつ

キャラメルクリーム　*82*
レモンクリーム　*83*
グラノーラ　*84*
フルーツチャツネ　*86*
クランブル
（プレーン・抹茶・きな粉・ココア）　*87*

お重で楽しむお菓子のおせち　*90*
オーブンシートを敷きましょう　*92*
基本の材料　*92*
基本の道具　*93*
保存容器　*94*
ラッピング　*95*

本書の使い方
* 大さじ1は15ml、小さじ1は5mlです。
* 卵はMサイズを使用しています。
* プレーンヨーグルトは砂糖不使用のものを使用しています。
* 生クリームは乳脂肪35～38%のものを使用しています。
* オーブンの温度や時間は目安です。
  熱源や機種によって焼き上がりに違いが生じるので調整してください。
* 電子レンジは600Wのものを使用しています。
  500Wの場合は加熱時間を1.2倍にして調整してください。

とっても簡単でおいしい
バターなしの作り置きお菓子

1 オイルを使うから手軽に作れる

この本のレシピはどれもバターは使いません。代わりにオイルを使うので、バターを室温にもどす手間もなく、手軽に作れます。多くのレシピはボウル一つで作れますから、道具を多くそろえる必要がありません。オイルはサラダ油、太白ごま油、菜種油など、香りやクセのない植物油がおすすめです。材料の風味をじゃますることもなく、どんなレシピにも使えて便利です。

材料をボウルに入れて混ぜるだけ

2 保存できるから食べたいときにいつでも食べられる

食べたいときにおいしく食べられるように、時間が経っても味がほとんど変わらない材料を選んでレシピを考えました。たくさん焼いてストックできるクッキーやビスコッティをはじめ、冷蔵庫にあるとうれしいデザート類、朝食や軽食にも食べたくなるスコーンやグラノーラなど……。作り置きお菓子があると、ひと息入れたいときや、ティータイム、食後など、いろいろなシーンで活躍してくれます。保存方法については、各章のはじめに説明しているので、参考にしてください。

3 プレゼントや手みやげに最適

日持ちする作り置きお菓子は、普段のお菓子にはもちろん、贈りものとしても重宝します。ラッピングにこだわって、食べる人の好みに合わせたお菓子は、手作りならではの温かな気持ちが伝わるはず。クッキーやグラノーラなど、乾燥したお菓子を贈るときは乾燥剤を、冷たいデザートは保冷剤をつけるなど、保存方法をきちんと確認してから準備するようにしましょう。

4 毎日食べても飽きない味

オイルを使ったお菓子はバターを使うよりも、軽い口当たりになるのが特徴です。そのためくり返し食べても食べ飽きることがなく、毎日のスタンダードな味として最適です。調理方法や素材の組み合わせ、分量など、家庭で手軽に作れるように工夫してあるので、週末にまとめて、ちょっとした空き時間に1品ずつ作るなど、自分のペースで作り置くことができます。

1章

焼きっぱなしで手間いらず まとめて作れる
常備おやつ

たくさん作れて、さらに日持ちもする焼き菓子。クッキーやビスコッティ、スコーンなど、くり返し食べたくなる定番の焼き菓子を紹介します。どれも手軽に作れるので、お気に入りのビンや缶に数種類ストックして、いろいろな味を楽しんでください。

Menu

*Sable, Cookie, Biscotti,
Scone, Yogurt Biscuit*

作り置き＆保存方法のコツ

サブレ、クッキー、ビスコッティ
- しっかりと焼けているかを確認する。裏側に焼き色がついているかチェックする。
- 完全に冷めたら乾燥剤を入れたビンや密閉容器に入れ、常温で保存。

スコーン、ヨーグルトビスケット
- 完全に冷めたら、1個ずつラップにくるんで保存用のビニール袋や密閉容器に入れ、冷蔵庫で保存。
- 冷凍保存も可能。食べるときは常温で自然解凍、または電子レンジでラップにくるまずに1個10〜20秒加熱する。そのあと軽くトースターで温めると食感がもどる。

ジャムサンド
Jam Sable sandwich

バニラサブレ
Vanilla Sable

レーズンサンド
Raisin Sable sandwich

バニラサブレ　保存　常温で2週間

シンプルなバニラ風味のサブレ。そのままでももちろん、
レーズンクリームやジャムなどをはさんでアレンジしてもおいしくいただけます。

○ 材料（直径6cmの菊形10枚分）

a｜薄力粉 — 90g
　　アーモンドパウダー — 10g
　　きび砂糖 — 30g
　　塩 — ひとつまみ
　　ベーキングパウダー — ひとつまみ

b｜牛乳 — 15g
　　植物油 — 40g
　　バニラオイル — 少々

○ 下準備

・ **a**を合わせてボウルにふるう。
・ 天板にオーブンシートを敷く。
・ オーブンを170℃に予熱する。

10

○ 作り方

1　aの粉類をカードで外側に寄せて中心にくぼみを作り、bを加える。泡立て器でbの部分をとろりとするまでよく混ぜる。

2　周りの粉をカードでbにかぶせ、粉が半分くらい混ざったら、切るようにしてさらに混ぜる。

Point　生地をボウルにこすりつけることで、なめらかでひび割れしにくい生地になる。

3　粉っぽさがなくなり、全体がしっとりとしてきたら、カードで生地をボウルの内側に2〜3回こすりつける。

4　生地がなめらかになり、まとまったら、カードで生地を半分に切って重ね、軽く手で押さえる作業を2〜3回くり返す。

5　オーブンシートを敷いた台に生地を取り出し、ラップをかけ、めん棒で5mmくらいの厚さにのばし、ラップを外す。

Point　生地がやわらかいので、周りの生地を外してていねいに天板に移す。

6　直径5.8cmの菊型で抜き、天板に間隔をあけて並べる。余った生地はまとめてのばし、同様に抜く。フォークで穴を開け、170℃のオーブンで17分焼く。焼き上がったら網に移して冷ます。

Arrange

レーズンサンド

保存　冷蔵で3日間

レーズンは水とグラニュー糖を加えて軽く加熱することで、ふっくら仕上がります。

○ 材料（直径6cmの菊形5個分）
バニラサブレ — 10枚
フィリング
a｜レーズン — 40g
　｜水 — 15g
　｜グラニュー糖 — 5g
ラム酒 — 小さじ1
ホワイトチョコレート — 30g
b｜サワークリーム — 30g
　｜生クリーム — 30g

○ 作り方
1　aを合わせて耐熱容器に入れ、電子レンジで20秒加熱し、ラム酒を加えて10分くらい置く。
2　ホワイトチョコレートを刻んで別の耐熱容器に入れ、電子レンジで30秒加熱し、溶かす。
3　ボウルにbを入れ、泡立て器でなじむまで混ぜる。
4　2に3を2回に分けて加え、そのつどなじむまで混ぜる。汁をきった1を加え、さっくりと混ぜる。
5　サブレを2枚1組にして4をはさむ。

ジャムサンド

保存　冷蔵で3日間

好みのジャムで手軽にできるアレンジ。ジャムは色味がきれいなものを選んで。

○ 材料（直径6cmの菊形5個分）
バニラサブレ — 10枚
好みのジャム — 適量
（ゆるいジャムは煮詰めてから使用する）

○ 作り方
サブレを2枚1組にしてジャムをはさむ。

1章　焼きっぱなしで手間いらず　まとめて作れる　常備おやつ

ジンジャークッキー
Ginger Cookie

ほうじ茶きな粉サブレ
Hojicha Kinako Sable

ほうじ茶きな粉サブレ

保存 常温で2週間

ほうじ茶ときな粉の相乗効果で香ばしさが口いっぱいに広がります。
ざっくりとした食感はクセになるおいしさです。

○ 材料(直径6cmの菊形10枚分)

a │ 薄力粉 — 90g
　│ きな粉 — 10g
　│ 塩 — ひとつまみ
　│ ベーキングパウダー — ひとつまみ
ほうじ茶(ティーバッグ) — 1袋
b │ 牛乳 — 15g
　│ 植物油 — 35g
　│ きび砂糖 — 40g

○ 下準備

・ aを合わせてボウルにふるう。
・ ほうじ茶はティーバッグから茶葉を出す。
・ 天板にオーブンシートを敷く。
・ オーブンを170℃に予熱する。

○ 作り方

1 aに茶葉を加え、カードで外側に寄せて中心にくぼみを作り、bを加える。泡立て器でbの部分をとろりとするまでよく混ぜる。
2 周りの粉をカードでbにかぶせ、粉が半分くらい混ざったら、切るようにしてさらに混ぜる。
3 粉っぽさがなくなり、全体がしっとりとしてきたら、カードで生地をボウルの内側に2〜3回こすりつける。
4 生地がなめらかになり、まとまったら、カードで生地を半分に切って重ね、軽く手で押さえる作業を2〜3回くり返す。
5 オーブンシートを敷いた台に生地を取り出し、ラップをかけ、めん棒で5mmくらいの厚さにのばし、ラップを外す。
6 直径5.8cmの菊型で抜き、天板に間隔をあけて並べる。余った生地はまとめてのばし、同様に抜く。
7 フォークで穴を開け、170℃のオーブンで17分焼く。焼き上がったら網に移して冷ます。

ジンジャークッキー

保存 常温で2週間

ジンジャーをベースにシナモン、クローブのスパイシーな香りに、
黒糖の風味が加わった複雑な深い味わいのクッキー。どこか懐かしさが感じられます。

○ 材料(直径6cmの菊形24枚分)

a │ 薄力粉 — 180g
　│ アーモンドパウダー — 20g
　│ ジンジャーパウダー — 小さじ1
　│ シナモンパウダー — 小さじ½
　│ クローブパウダー — 少々
　│ 塩 — ひとつまみ
　│ ベーキングパウダー — 小さじ¼
b │ 卵 — 1個
　│ 植物油 — 60g
　│ 黒糖(粉末) — 30g
　│ グラニュー糖 — 40g

○ 下準備

・ aを合わせてボウルにふるう。
・ 天板にオーブンシートを敷く。
・ オーブンを170℃に予熱する。

○ 作り方

1 aの粉類をカードで外側に寄せて中心にくぼみを作り、bを加える。泡立て器でbの部分をとろりとするまでよく混ぜる。
2 周りの粉をカードでbにかぶせ、粉が半分くらい混ざったら、切るようにしてさらに混ぜる。
3 粉っぽさがなくなり、全体がしっとりとしてきたら、カードで生地をボウルの内側に2〜3回こすりつける。
4 生地がなめらかになり、まとまったら、カードで生地を半分に切って重ね、軽く手で押さえる作業を2〜3回くり返す。
5 オーブンシートを敷いた台に生地を取り出し、ラップをかけ、めん棒で5mmくらいの厚さにのばし、ラップを外す。
6 直径5.8cmの菊型で抜き、天板に間隔をあけて並べる。余った生地はまとめてのばし、同様に抜く。
7 フォークで穴を開け、170℃のオーブンで17分焼く。焼き上がったら網に移して冷ます。

1章 焼きっぱなしで手間いらず まとめて作れる 常備おやつ

チョコレートチャンククッキー
Chocolate chunk Cookie

ラズベリーショコラクッキー
Raspberry Chocolate Cookie

チョコレートチャンククッキー

保存　常温で2週間

バターや卵不使用でもコクのあるおいしさです。ベーキングソーダ（重曹）を加えることで、素朴な風味に。大きく割った板チョコがアクセントです。

○ **材料（直径7cmの円形10枚分）**

a｜薄力粉 — 100g
　｜ベーキングパウダー — 小さじ1/3
　｜ベーキングソーダ（重曹） — 小さじ1/4
　｜塩 — ひとつまみ
　｜シナモンパウダー — 少々

b｜植物油 — 50g
　｜水 — 30g
　｜きび砂糖 — 50g
　｜バニラオイル — 少々

板チョコレート（ブラックまたはミルク） — 1枚

○ **下準備**
- aを合わせてボウルにふるう。
- 板チョコレートを手でざっくり割る。
- 天板にオーブンシートを敷く。
- オーブンを170℃に予熱する。

○ **作り方**

1. aの粉類をカードで外側に寄せて中心にくぼみを作り、bを加える。泡立て器でbの部分をとろりとするまでよく混ぜる。
2. 周りの粉をカードでbにかぶせ、粉が半分くらい混ざったら、2/3量のチョコレートを加え、切るようにしてさらに混ぜる。
3. 粉っぽさがなくなり、全体がしっとりとしてきたら、カードで生地をボウルの内側に2〜3回こすりつける。
4. 生地がつやのあるキャラメルのような状態になったら、10等分にスプーンで生地をすくって天板の上に間隔をあけて並べる。
5. 上から手の平で軽く押さえて直径6cmくらいの円形にし、残りのチョコレートを貼りつける。
6. 170℃のオーブンで18分焼く。焼き上がったら網に移して冷ます。

ラズベリーショコラクッキー

保存　常温で1週間

ココアと相性のよいラズベリーを生地に練り込んだクッキー。
ほのかな酸味が加わって甘ずっぱい個性的な味に仕上がります。

○ **材料（直径7cmの円形10枚分）**

a｜薄力粉 — 100g
　｜ココアパウダー（砂糖不使用） — 10g
　｜ベーキングパウダー — 小さじ1/3
　｜ベーキングソーダ（重曹） — 小さじ1/4

b｜植物油 — 50g
　｜ラズベリー（生または冷凍） — 40g
　｜きび砂糖 — 50g

○ **下準備**
- aを合わせてボウルにふるう。
- ラズベリーをスプーンでつぶす。
  （冷凍の場合は、自然解凍してからつぶす）
- 天板にオーブンシートを敷く。
- オーブンを170℃に予熱する。

○ **作り方**

1. 「チョコレートチャンククッキー」1〜4と同様に作る（上記参照）。＊ただし2でチョコレートは加えない。
2. 上から手の平で軽く押さえて直径6cmくらいの円形にする。
3. 170℃のオーブンで18分焼く。焼き上がったら網に移して冷ます。

黒糖くるみのボールクッキー
Raw sugar Walnut Ball Cookie

杏仁アプリコットのボールクッキー
Annin Apricot Ball Cookie

黒糖くるみのボールクッキー

保存 常温で2週間

くるみのカリッとした食感が心地よい、お茶請けにぴったりなクッキー。
ひと口サイズで食べやすく、つい手がのびてしまいます。

○ 材料(直径3cm16個分)

a ┤ 薄力粉 — 80g
　　黒糖(粉末) — 30g
　　塩 — ひとつまみ
　　ベーキングパウダー — ひとつまみ
b ┤ 牛乳 — 20g
　　植物油 — 40g
くるみ(ロースト) — 30g

○ 下準備

- aを合わせてボウルにふるう。
- くるみは細かく刻む。
- 天板にオーブンシートを敷く。
- オーブンを160℃に予熱する

○ 作り方

1. aの粉類をカードで外側に寄せて中心にくぼみを作り、bを加える。泡立て器でbの部分をとろりとするまでよく混ぜる。
2. 周りの粉をカードでbにかぶせ、粉が半分くらい混ざったら、くるみを加え、切るようにしてさらに混ぜる。
3. 粉っぽさがなくなり、全体がしっとりとしてきたら、カードで生地をボウルの内側に2〜3回こすりつける。
4. 生地がなめらかになり、まとまったら、カードで生地を半分に切って重ね、軽く手で押さえる作業を2〜3回くり返す。
5. 生地を16等分して手で丸め、天板に間隔をあけて並べる。
6. 160℃のオーブンで23分焼く。焼き上がったら網に移して冷ます。

杏仁アプリコットのボールクッキー

保存 常温で2週間

杏仁豆腐をクッキーにアレンジ。ドライアプリコットにヨーグルトをからめておくことで、
時間が経ってもパサつかず、外はさっくり、中はしっとりの食感をキープできます。

○ 材料(直径3cm14個分)

a ┤ 薄力粉 — 80g
　　アーモンドパウダー — 15g
　　杏仁霜(写真下) — 15g
　　きび砂糖 — 20g
　　ベーキングパウダー — ひとつまみ
植物油 — 40g
b ┤ ドライアプリコット — 40g
　　プレーンヨーグルト — 小さじ2
アーモンドスライス — 14枚

○ 下準備

- aを合わせてボウルにふるう。
- bのドライアプリコットは1.5cm角に切り、ヨーグルトと混ぜ合わせて10分ほど置く。
- 天板にオーブンシートを敷く。
- オーブンを160℃に予熱する。

○ 作り方

1. aに植物油を加え、粉類をカードで底から返すように混ぜる。
2. 粉が半分くらい混ざったら、切るようにしてさらに混ぜる。
3. 粉っぽさがなくなり、全体がしっとりとしてきたら、カードで生地をボウルの内側に2〜3回こすりつける。
4. 生地がなめらかになり、まとまったら、カードで生地を半分に切って重ね、軽く手で押さえる作業を2〜3回くり返す。
5. 生地を14等分し、bを1切れずつ中に入れて手で丸め、天板に間隔をあけて並べる。
6. アーモンドスライスをのせ、軽く指で押して貼りつける。160℃のオーブンで21分焼く。焼き上がったら網に移して冷ます。

杏仁霜(きょうにんそう)
あんずの種の中にある杏仁をつぶし、パウダー状にしたもの。杏仁豆腐の材料としてよく使います。独特の香りは焼き菓子に使ってもしっかりと感じられます。

1章 焼きっぱなしで手間いらず まとめて作れる 常備おやつ

Cashew nut Sable

カシューナッツサブレ

保存 常温で2週間

カシューナッツのカリカリした食感と
ほんのりとした甘さが心地よい、
どんな飲み物ともよく合うシンプルなクッキーです。

◯ 材料（6×3cmの長方形18枚分）

a｜薄力粉 — 100g
　｜きび砂糖 — 35g
　｜ベーキングパウダー — ひとつまみ
b｜牛乳 — 15g
　｜植物油 — 40g
　｜バニラオイル — 少々
カシューナッツ(ロースト) — 40g

◯ 下準備

- aを合わせてボウルにふるう。
- カシューナッツは粗く刻む。
- 天板にオーブンシートを敷く。
- オーブンを170℃に予熱する。

◯ 作り方

1. aの粉類をカードで外側に寄せて中心にくぼみを作り、bを加える。泡立て器でbの部分をとろりとするまでよく混ぜる。
2. 周りの粉をカードでbにかぶせ、粉が半分くらい混ざったら、カシューナッツを加え、切るようにしてさらに混ぜる。
3. 粉っぽさがなくなり、全体がしっとりとしてきたら、カードで生地をボウルの内側に2〜3回こすりつける。
4. 生地がなめらかになり、まとまったら、カードで生地を半分に切って重ね、軽く手で押さえる作業を2〜3回くり返す。
5. 生地を台の上に取り出し、定規やカードなどをあてて、断面5×3cm、長さ14cmの四角い棒状に整え（写真A）、ナイフで18等分に切る。
6. 天板に間隔をあけて並べる。
7. 170℃のオーブンで18分焼く。焼き上がったら網に移して冷ます。

A

1章　焼きっぱなしで手間いらず　まとめて作れる　常備おやつ

ミルクティークッキー

保存　常温で2週間

生クリーム入りのミルキーな生地がアールグレイの風味を引き立てます。
粉糖を使うことで、軽い食感に仕上がります。

○ 材料（4×4cmの正方形16枚分）

a｜ 薄力粉 — 100g
　｜ 粉糖 — 30g
　｜ ベーキングパウダー — ひとつまみ

アールグレイティー（ティーバッグ）— 1袋

b｜ 生クリーム — 30g
　｜ 植物油 — 30g

○ 下準備

・ aを合わせてボウルにふるう。
・ アールグレイティーはティーバッグから茶葉を出す。
・ 天板にオーブンシートを敷く。
・ オーブンを170℃に予熱する。

○ 作り方

1　aに茶葉を加え、カードで外側に寄せて中心にくぼみを作り、bを加える。
　　泡立て器でbの部分をとろりとするまでよく混ぜる。

2　周りの粉をカードでbにかぶせ、粉が半分くらい混ざったら、切るように
　　してさらに混ぜる。

3　粉っぽさがなくなり、全体がしっとりとしてきたら、カードで生地をボウ
　　ルの内側に2〜3回こすりつける。

4　生地がなめらかになり、まとまったら、カードで生地を半分に切って重ね、
　　軽く手で押さえる作業を2〜3回くり返す。

5　生地を台の上に取り出し、定規やカードなどをあてて、断面4×4cm、
　　長さ13cmの四角い棒状に整え、ナイフで16等分に切る。

6　天板に間隔をあけて並べる。

7　170℃のオーブンで18分焼く。焼き上がったら網に移して冷ます。

Panforte

パンフォルテ

保存 常温で2週間

エキゾチックな味わいが魅力的なイタリアのトスカーナ地方の伝統菓子"パンフォルテ"を、日本人の口に合うように食べやすい食感に仕上げました。
少し硬めなので、小さく切ってから食べてください。

○ 材料（20.5×16×3cmのバット1個分）

- a
  - はちみつ ― 100g
  - グラニュー糖 ― 60g
- b
  - 植物油 ― 10g
  - バニラオイル ― 少々
- c
  - 薄力粉 ― 80g
  - シナモンパウダー ― 小さじ1/3
  - ナツメグパウダー ― 小さじ1/4
  - コリアンダーパウダー ― 小さじ1/4
- d
  - 粗びき黒こしょう ― 小さじ1/4
  - レモンの皮（すりおろし） ― 1個分
  - アーモンドホール（ロースト） ― 50g
  - アーモンドスライス（ロースト） ― 50g
- e
  - ドライマンゴー ― 50g
  - プレーンヨーグルト ― 10g

○ 下準備

- レモンの皮はゼスター（写真右）などですりおろす。
- アーモンドホールは半分に割る。
- cを合わせてボウルにふるい、dを加えてよく混ぜる。
- eのドライマンゴーは1cm角に切り、ヨーグルトと混ぜ合わせて10分ほど置く。
- バットに切り込みを入れたオーブンシートを敷く（P.93参照）。
- オーブンを160℃に予熱する。

ゼスター
万能おろし金。レモンやオレンジなど柑橘類の表皮だけを細かくおろせるのであると便利。

○ 作り方

1. aを大きめの耐熱ボウルに入れ、電子レンジで1分加熱する。取り出してゴムべらで混ぜてグラニュー糖を溶かし、さらに1分加熱する。再び取り出して混ぜ、さらに20秒加熱し、フツフツと煮立った状態にする。bを加えて混ぜる。
2. cとdを合わせたボウルに、1とeを加え、ゴムべらで混ぜる。
3. 2をバットに流し入れ、スプーンの背で全体に広げる。
4. 160℃のオーブンで30分焼き、焼き上がったらオーブンシートごと網に移す。
5. 粗熱がとれたら、食べやすい大きさに小さくカットする。

1章　焼きっぱなしで手間いらず　まとめて作れる　常備おやつ

Cornmeal Sable

コーンミールサブレ

| 保存 | 常温で2週間 |

卵黄のコクとアーモンドパウダーが入った生地は旨みたっぷり。
そこへコーンミールを入れ、つぶつぶ感が楽しめるサブレに仕上げました。

○ 材料（直径17cmの円形1枚分）

a ┃ 薄力粉 ― 50g
　┃ アーモンドパウダー ― 50g
　┃ 粉糖 ― 40g
　┃ 塩 ― ひとつまみ
　┃ ベーキングパウダー ― ひとつまみ
　コーンミール ― 30g
b ┃ 植物油 ― 35g
　┃ 卵黄 ― 1個分

○ 下準備
・ **a**を合わせてボウルにふるう。
・ オーブンを170℃に予熱する。

○ 作り方

1. **a**にコーンミールを加え、カードで外側に寄せて中心にくぼみを作り、**b**を加える。泡立て器で**b**の部分をとろりとするまでよく混ぜる。
2. 周りの粉をカードで**b**にかぶせ、粉が半分くらい混ざったら、切るようにしてさらに混ぜる。
3. 粉っぽさがなくなり、全体がしっとりとしてきたら、手でギュッと押しつけてまとめる。
4. カードで生地を半分に切って重ね、軽く手で押さえる作業を2〜3回くり返す。
5. オーブンシートを敷いた台に生地を取り出し、丸くまとめ、手で直径16cmの円形にのばす。放射状に包丁で8等分の切れ目を入れて（写真A）、竹串で一切れに対し数か所穴を開ける。
6. オーブンシートごと天板に移し、170℃のオーブンで25分焼く。
7. 焼き上がったら切れ目に沿って手で割り、網に移して冷ます。
　＊熱いので軍手をしてから割るとよい。

A

1章　焼きっぱなしで手間いらず　まとめて作れる　常備おやつ

オレンジといちじくのビスコッティ
Orange and Fig Biscotti
作り方→ P.29

カプチーノビスコッティ
Cappuccino Biscotti
作り方→ P.28

フラップジャック

Flapjack

作り方→P.29

カプチーノビスコッティ

保存　常温で2週間

ビスコッティは「二度焼いた」という意味のイタリアの郷土菓子。
カリッとしたアーモンドの歯応えと、エスプレッソの香りが引き立ち、コーヒーにぴったりなお菓子です。

○ 材料（長さ9cmを10個分）

- a
  - 薄力粉 — 120g
  - きび砂糖 — 35g
  - 塩 — ひとつまみ
  - ベーキングパウダー — 小さじ½
  - シナモンパウダー — 小さじ½
- エスプレッソ粉 — 小さじ2
- b
  - 卵 — 1個
  - 植物油 — 20g
  - バニラオイル — 少々
- アーモンドホール（ロースト） — 50g

○ 下準備

- aを合わせてボウルにふるう。
- 卵を溶きほぐす。
- アーモンドホールを半分に割る。
- オーブンを180℃に予熱する。

○ 作り方

1. aにエスプレッソ粉を加え、カードで外側に寄せて中心にくぼみを作り、bを加える。泡立て器でbの部分をとろりとするまでよく混ぜる。
2. 周りの粉をカードでbにかぶせ、粉が半分くらい混ざったら、切るようにしてさらに混ぜる。
3. 粉っぽさがなくなり、全体がしっとりとしてきたら、カードで生地を半分に切って重ね、軽く手で押さえる作業を2〜3回くり返す。
4. 生地がなめらかになり、まとまったら、生地を手で押して広げ、アーモンドを散らして押し込み、包むように半分に折る（写真A）。
5. オーブンシートを敷いた台に生地を取り出し、生地の表面に打ち粉（分量外）をふって9×16cmの四角形に形を整える（写真B）。
6. オーブンシートごと天板に移し、180℃のオーブンで25分焼いたら取り出し、10分ほど室温に置く。
7. パン切りナイフで1.5cm幅に切り、切り口を上にしてオーブンシートを敷いた天板の上に並べ（写真C）、150℃のオーブンで20分焼く。焼き上がったら網に移して冷ます。

 A
 B
 C

オレンジといちじくのビスコッティ

保存　常温で2週間

二度焼きすることで水分が飛び、軽い食感になり、日持ちのするお菓子に。
ドライいちじくはヨーグルトをからめることで、フルーティーでみずみずしい食感が残ります。

○ 材料（長さ9cmを10個分）

a｜ 薄力粉 — 120g
　｜ きび砂糖 — 30g
　｜ 塩 — ひとつまみ
　｜ ベーキングパウダー — 小さじ½
　｜ シナモンパウダー — 小さじ½

オレンジの皮（すりおろし） — ½個分

b｜ 卵 — 1個
　｜ 植物油 — 20g
　｜ バニラオイル — 少々

c｜ ドライいちじく — 50g
　｜ プレーンヨーグルト — 大さじ1

○ 下準備

・ オレンジの皮はゼスターなどで
　すりおろす（P.23参照）。
・ aを合わせてボウルにふるう。
・ cのドライいちじくは1.5cm角に切り、
　ヨーグルトと混ぜ合わせて10分ほど置く。
・ 卵を溶きほぐす。
・ オーブンを180℃に予熱する。

○ 作り方

1 aにオレンジの皮のすりおろしを加え、カードで外側に寄せて中心にくぼみを作り、bを加える。泡立て器でbの部分をとろりとするまでよく混ぜる。

2 周りの粉をカードでbにかぶせ、粉が半分くらい混ざったら、切るようにしてさらに混ぜる。

3 粉っぽさがなくなり、全体がしっとりとしてきたら、カードで生地を半分に切って重ね、軽く手で押さえる作業を2〜3回くり返す。

4 生地がなめらかになり、まとまったら、生地を手で押して広げ、cを散らして押し込み、包むように半分に折る。

5 オーブンシートを敷いた台に生地を取り出し、生地の表面に打ち粉（分量外）をふって9×16cmの四角形に形を整える。

6 オーブンシートごと天板に移し、180℃のオーブンで25分焼いたら取り出し、10分ほど室温に置く。

7 パン切りナイフで1.5cm幅に切り、切り口を上にしてオーブンシートを敷いた天板の上に並べ、150℃のオーブンで20分焼く。焼き上がったら網に移して冷ます。

フラップジャック

保存　常温で2週間

材料を混ぜ合わせるだけで作れる、失敗のないお菓子です。具材に少量の薄力粉をまぶして、
切り分けやすい硬さにしました。薄力粉なしで、崩れやすくもろい食感を楽しむのもおすすめです。

○ 材料（20.5×16×3cmのバット1個分）

a｜ オートミール — 70g
　｜ ココナッツロング — 30g
　｜ 薄力粉 — 10g

b｜ 植物油 — 30g
　｜ プレーンヨーグルト — 10g
　｜ メープルシロップ — 30g

○ 下準備

・ バットに切り込みを入れた
　オーブンシートを敷く（P.93参照）。
・ オーブンを170℃に予熱する。

○ 作り方

1 aをボウルに入れて手でよく混ぜ合わせる。

2 bを容器に入れて泡立て器でとろりとするまで混ぜ、1に加えてゴムべらでむらなく混ぜる。

3 バットに流し入れて全体に広げ、ラップをかぶせ、上からめん棒などでギュッと押さえ、ラップを外す。

4 170℃のオーブンで27分焼き、焼き上がったらオーブンシートごと網に移す。

5 焼き上がりから5分ほど経ったら、食べやすい大きさにカットする。

Apple Scone

ケーキ風アップルスコーン

保存　冷蔵で3日間／冷凍で2週間

フレッシュなりんごを生地に加えて、大きくひとまとめにして焼くことでパサつかず、
ケーキのようなしっとりとした食感に仕上がります。やわらかい生地なので、打ち粉をふってまとめます。

○ 材料（直径16cmのドーム型1個分）

a
- 薄力粉 — 150g
- きび砂糖 — 25g
- ベーキングパウダー — 小さじ1と1/3
- シナモンパウダー — 小さじ1/4
- 塩 — ひとつまみ

b
- 卵 — 1個
- ヨーグルト — 小さじ1
- 植物油 — 40g

りんご — 1/3個（正味70g）

○ 下準備

- aを合わせてボウルにふるう。
- 卵は容器に入れて溶きほぐす。
- りんごは皮つきのまま細切りにする。
- オーブンを190℃に予熱する。

○ 作り方

1 aの粉類をカードで外側に寄せて中心にくぼみを作る。

2 くぼみにbを加え、泡立て器でbの部分をとろりとするまでよく混ぜる。

3 りんごの細切りを加える。

4 周りの粉をカードでbにかぶせ、粉が半分くらい混ざったら、切るようにしてさらに混ぜる。

5 粉っぽさがなくなり、全体がしっとりとしてきたら、カードで生地を半分に切って重ね、軽く手で押さえる作業を2〜3回くり返す。

Point
生地がやわらかいので、打ち粉をふる。

6 打ち粉（分量外）をふったオーブンシートに生地を取り出し、表面にも打ち粉をふる。

7 生地を回しながら、手で直径13cmのドーム型に整える。

Point 焼き上がりに手で割るので下まで切らずに切れ目を浅く入れる。

8 ナイフで放射状に浅く6等分の切れ目を入れ、オーブンシートごと天板にのせる。190℃のオーブンで25分焼く。

9 焼き上がったら網に移して冷ます。手でさわれるくらいに冷めたら切れ目に沿って手で割る。

1章　焼きっぱなしで手間いらず　まとめて作れる　常備おやつ

ヨーグルトビスケット
Yogurt Biscuit

クリームスコーン
Cream Scone

ヨーグルトビスケット

保存　冷蔵で3日間／冷凍で2週間

塩気を効かせた、軽食にぴったりなビスケット。ハーブやスパイスを加えてもおいしいです。
水分が多く、手でまとめられないほどやわらかな生地なので、
外はさっくり、中はしっとりとした食感に焼き上がります。

○ 材料（直径6cm6個分）

a ｜ 薄力粉 — 120g
　｜ きび砂糖 — 大さじ1
　｜ ベーキングパウダー — 小さじ1
　｜ 塩 — 小さじ¼

b ｜ プレーンヨーグルト — 50g
　｜ 牛乳 — 40g
　｜ 植物油 — 30g

○ 下準備

・aを合わせてボウルにふるう。
・天板にオーブンシートを敷く。
・オーブンを200℃に予熱する。

○ 作り方

1　aの粉類をカードで外側に寄せて中心にくぼみを作る。
2　くぼみにbを加え、泡立て器でbの部分をとろりとするまでよく混ぜる。
3　周りの粉をカードでbにかぶせ、粉が半分くらい混ざったら、切るようにしてさらに混ぜる。
4　粉っぽさがなくなり、全体がなじんだら、6等分にスプーンですくい、天板の上に間隔をあけて落とす(写真A)。
5　200℃のオーブンで15分焼く。焼き上がったら網に移して粗熱をとる。

A

クリームスコーン

保存　冷蔵で3日間／冷凍で2週間

ほんのり甘い生クリーム入りのスコーン。
はちみつを少量加えると、風味よくしっとりとした食感に仕上がります。
好みのジャムを添えればティータイムにもうってつけです。

○ 材料（6.5cm扇形4個分）

a ｜ 薄力粉 — 100g
　｜ きび砂糖 — 10g
　｜ ベーキングパウダー — 小さじ1
　｜ 塩 — ひとつまみ

b ｜ 生クリーム — 90g
　｜ はちみつ — 5g

○ 下準備

・aを合わせてボウルにふるう。
・天板にオーブンシートを敷く。
・オーブンを200℃に予熱する。

○ 作り方

1　aの粉類をカードで外側に寄せて中心にくぼみを作る。
2　くぼみにbを加え、泡立て器でbの部分をよく混ぜる。
3　周りの粉をカードでbにかぶせ、粉が半分くらい混ざったら、切るようにしてさらに混ぜる。
4　粉っぽさがなくなり、全体がしっとりとしてきたら、カードで生地を半分に切って重ね、軽く手で押さえる作業を2〜3回くり返す。
5　生地を打ち粉(分量外)をふった台に取り出し、直径10cmの円形にまとめる。
6　ナイフで十字に4等分に切り、天板に間隔をあけて並べる。
7　200℃のオーブンで15分焼く。焼き上がったら網に移して粗熱をとる。

1章　焼きっぱなしで手間いらず　まとめて作れる　常備おやつ

2章

贈りものに、差し入れに
ほめられおやつ

ケーキやパイ、タルトなど、食べ応えがあって見栄えのするお菓子。型は、パウンド型とバットのみなので、いろいろそろえなくても大丈夫。ホールのままでもカットしても、用途に応じてサイズを変えられるので、手みやげや差し入れにもおすすめです。ちょっと優雅な気分にひたりたいときにぜひ。

Menu

*Bread, Cake, Castella,
Bar, Tart, Dumpling*

作り置き&保存方法のコツ

- 完全に冷めてからラップでくるみ、保存袋や保存容器に入れて乾燥を防ぐ。
- 冷蔵で保存。丸ごとアップルパイ以外は冷凍保存も可能。食べるときは常温で自然解凍、または電子レンジでラップにくるまずに1切れ10〜20秒加熱する(レモンバーを除く)。タルトはそのあと軽くトースターで温めると食感がもどる。

Banana Bread

バナナブレッド 保存 冷蔵で1週間／冷凍で2週間

卵を泡立てて作る生地で、ふんわり軽いバナナブレッドに。卵を温めずに泡立てることで、
泡立ちすぎを防ぎ、パサつきのないしっとりとした食感に仕上がります。

○ 材料（18×8×6cmのパウンド型1台分）
卵 — 2個
グラニュー糖 — 70g
バナナ — 1本（正味約100g）
a｜薄力粉 — 100g
　｜ベーキングパウダー — 小さじ1
植物油 — 50g

○ 下準備
・ 卵を室温にもどす。
・ a を合わせてふるう。
・ バナナは皮をむいてフォークでつぶす。
・ 型にオーブンシートを敷く（P.92参照）。
・ オーブンを180℃に予熱する。

○ 作り方

1　卵とグラニュー糖をボウルに入れ、ハンドミキサーの高速で泡立てる。

> **Point**　すくった生地がリボン状に重なり落ち、その跡がすぐに消えるか確認する。

2　ゆるいリボン状になるまで泡立てたら、低速に切り替えて撹拌し、きめを整える。

3　バナナを加え、なじむまで低速で混ぜ合わせる。

2章　贈りものに、差し入れに　ほめられおやつ

4　aを3回に分けて加え、そのつどゴムべらでしっかり混ぜる。

> **Point**　植物油は一度ゴムべらで受けてから入れると全体に行きわたりやすい。

5　植物油を2回に分けて加え、1回めはさっと、2回めはなじむまで混ぜる。

6　生地に植物油がなじんだら混ぜ終わり。

7　生地を型に流し入れる。

8　型を低い位置から台の上に数回落とし、中の空気を抜く。180℃のオーブンで30分焼き、焼き上がったらオーブンシートごと型から取り出し、網の上に移して粗熱をとる。

37

フルーツケーキ

保存 冷蔵で2週間／冷凍で3週間

ボウル一つに材料をどんどん加えて
混ぜるだけで作れるパウンドケーキ。
フルーティーなペースト、
フルーツチャツネを使うだけで、
手軽に本格的な味わいのフルーツケーキを楽しめます。

○ **材料**（18×8×6cmのパウンド型1台分）
卵 ― 2個
きび砂糖 ― 70g
植物油 ― 50g
フルーツチャツネ（P.86参照）― 80g
プレーンヨーグルト ― 大さじ1
a｜薄力粉 ― 100g
　｜ベーキングパウダー ― 小さじ1

○ **下準備**
・ 卵を室温にもどす。
・ **a**を合わせてふるう。
・ 型にオーブンシートを敷く（P.92参照）。
・ オーブンを170℃に予熱する。

○ **作り方**
1 卵をボウルに割り入れ、泡立て器で溶きほぐす。きび砂糖を加えてよく混ぜる。
2 植物油を3〜4回に分けて加え、そのつどなじむまで混ぜる。
3 フルーツチャツネとヨーグルトを順に加え、そのつど混ぜる。
4 **a**を一度に加え、ゴムべらでむらがなくなるまで混ぜる。
5 生地を型に流し入れる。
6 型を低い位置から台の上に数回落とし、中の空気を抜く。170℃のオーブンで30分焼き、焼き上がったらオーブンシートごと型から取り出し、網の上に移して粗熱をとる。

カステラ

保存　冷蔵で1週間／冷凍で2週間

パウンド型で手軽に作れるカステラです。
はちみつと油でしっとり感を補い、強力粉を加えることで、
軽すぎない、しっかりとした生地に仕上げます。

○ 材料（18×8×6cmのパウンド型1台分）

a｜はちみつ — 40g
　｜水 — 20g
b｜卵 — 3個
　｜上白糖 — 60g
強力粉 — 90g
植物油 — 30g

○ 下準備
・ 卵を室温にもどす。
・ 強力粉をふるう。
・ 型にオーブンシートを敷く（P.92参照）。
・ オーブンを170℃に予熱する。

○ 作り方
1　aを合わせて耐熱容器に入れ、電子レンジで20秒加熱してはちみつを溶かす。
2　bをボウルに入れ、ハンドミキサーの高速で泡立て、すくった生地がリボン状に重なり落ち、その跡がすぐに消えたら（P.37参照）、低速に切り替えて撹拌し、きめを整える。
3　1を加えて、なじむまで低速で混ぜ合わせる。
4　強力粉を2回に分けて加え、そのつどゴムべらでしっかり混ぜる。
5　植物油を2回に分けて加え、なじむまで混ぜる。
6　生地を型に流し入れる。
7　型を低い位置から台の上に10回落とし、中の空気を抜く。170℃のオーブンで15分、160℃に下げて20分焼く。
8　焼き上がったら型を高さ15cmくらいの位置から台の上に落とす。オーブンシートごと型から出し、表面にラップをかぶせ、上からバットをのせてひっくり返す（写真A）。冷めたら上下を元にもどし、ラップをはがす。

A

2章　贈りものに、差し入れに　ほめられおやつ

41

ブラウニー

保存　冷蔵で1週間／冷凍で2週間

チョコレートがたっぷり入っていますが、
口溶けがよく、軽い食感です。
材料を一つ一つ加えるごとに、しっかり混ぜるのがコツ。

○ **材料（20.5×16×3cmのバット1個分）**
スイートチョコレート ― 150g
植物油 ― 90g
a｜ココアパウダー（砂糖不使用）― 10g
　｜グラニュー糖 ― 100g
卵 ― 2個
バニラオイル ― 少々
プレーンヨーグルト ― 20g
b｜薄力粉 ― 60g
　｜塩 ― ひとつまみ

○ **下準備**
・ スイートチョコレートを細かく刻む。
・ 卵を室温にもどす。
・ bを合わせてふるう。
・ バットに切り込みを入れたオーブンシートを敷く（P.93参照）。
・ オーブンを180℃に予熱する。

○ **作り方**
1　スイートチョコレートを耐熱ボウルに入れ、電子レンジで1分加熱する。取り出して混ぜ、さらに20〜30秒、様子を見ながら加熱して溶かす。
2　植物油を少しずつ加え、泡立て器で混ぜる。
3　aを別のボウルに入れて泡立て器でよく混ぜ、2を少しずつ加えて混ぜる。
4　卵を1個ずつ加え、そのつどよく混ぜる。
5　バニラオイル、ヨーグルトを順に加え、そのつどよく混ぜる。
6　bを2回に分けて加え、そのつどゴムべらでむらがなくなるまで混ぜる。
7　バットに流し入れ、全体に広げて平らにならし、180℃のオーブンで30分焼く。焼き上がったらオーブンシートごとバットから取り出し、網の上に移して粗熱をとる。

Matcha White Chocolate Cake

抹茶ホワイトチョコレートケーキ

保存 　冷蔵で1週間／冷凍で2週間

クッキーとケーキの中間のような、さっくり、しっとりとした生地。
抹茶とホワイトチョコレートの組み合わせは、
誰にでも好まれる品のある味わいです。

○ 材料（20.5×16×3cmのバット1個分）

ホワイトチョコレート ― 60g
植物油 ― 80g
バニラオイル ― 少々
a | 卵 ― 2個
　 | グラニュー糖 ― 100g
b | 薄力粉 ― 100g
　 | ベーキングパウダー ― 小さじ⅓
　 | 抹茶 ― 小さじ2
　 | 塩 ― ひとつまみ

○ 下準備

・ ホワイトチョコレートを細かく刻む。
・ 卵を室温にもどす。
・ bを合わせてふるう。
・ バットに切り込みを入れたオーブンシートを敷く（P.93参照）。
・ オーブンを180℃に予熱する。

○ 作り方

1　ホワイトチョコレートを耐熱ボウルに入れ、電子レンジで40秒加熱して溶かす。
2　植物油を少しずつ加え、泡立て器で混ぜる。バニラオイルを加え、よく混ぜる。
3　別のボウルにaを入れて、泡立て器で軽く泡立てる。
4　2を加えて粘りが出るまでよく混ぜる。
5　bを3回に分けて加え、そのつどゴムべらでむらなく混ぜる。
6　バットに流し入れ、全体に広げて平らにならし、180℃のオーブンで25分焼く。焼き上がったらオーブンシートごとバットから取り出し、網の上に移して粗熱をとる。

2章　贈りものに、差し入れに　ほめられおやつ

ココナッツ・ピーカンバー
Coconut Pecan Bars

作り方→P.48

キャラメルチョコレートバー
Caramel Chocolate Bars
作り方→P.49

ココナッツ・ピーカンバー

保存 冷蔵で1週間／冷凍で2週間

サクサクのショートブレッドの上に甘くて香ばしいナッツのフィリングをのせたバー。
フィリングは、ヌガーのようにねっとりと濃厚で、クセになるおいしさです。

○ 材料（20.5×16×3cmのバット1個分）

ショートブレッド

a｜ 薄力粉 — 100g
　　きび砂糖 — 30g
　　塩 — ひとつまみ
　　ベーキングパウダー — ひとつまみ
b｜ 牛乳 — 15g
　　植物油 — 40g
　　バニラオイル — 少々

フィリング

卵 — 1個
きび砂糖 — 60g
塩 — ひとつまみ
バニラオイル — 少々
薄力粉 — 大さじ1
ココナッツロング — 20g
ピーカンナッツ（ロースト） — 50g

○ 下準備

- aとフィリングの薄力粉をそれぞれふるい、aはボウルに入れる。
- ピーカンナッツを粗く刻む。
- 卵を室温にもどす。
- バットに切り込みを入れたオーブンシートを敷く（P.93参照）。
- オーブンを180℃に予熱する。

○ 作り方

1　ショートブレッドを作る。aの粉類をカードで外側に寄せて中心にくぼみを作り、bを加える。泡立て器でbの部分をとろりとするまでよく混ぜる。

2　周りの粉をカードでbにかぶせ、粉が半分くらい混ざったら、切るようにしてさらに混ぜる。

3　粉っぽさがなくなり、全体がしっとりとしてきたら、カードで生地を半分に切って重ね、軽く手で押さえる作業を2〜3回くり返す。

4　バットの底に3をちぎってのせ（写真A）、手で押し広げて（写真B）、全体に敷き詰める（写真C）。フォークで全体に穴を開ける。

5　180℃のオーブンで20分焼く。

6　フィリングを作る。卵をボウルに入れて泡立て器で溶きほぐし、きび砂糖を加えて混ぜる。残りのフィリングの材料を順に加え、そのつどよく混ぜる。

7　焼き上がった5に6を流し入れ、全体に広げて平らにならす。

8　180℃のオーブンで23分焼き、焼き上がったらバットごと網に移して粗熱をとる。粗熱がとれたらバットから取り出す。

A

B

C

キャラメルチョコレートバー

保存　冷蔵で1週間／冷凍で2週間

濃厚なチョコレート生地に、コクのあるキャラメルクリームを
たっぷりかけて焼き上げた、リッチな味わい。コーヒーと一緒にどうぞ。

○ 材料（20.5×16×3cmのバット1個分）

ショートブレッド
- a
  - 薄力粉 — 100g
  - きび砂糖 — 30g
  - 塩 — ひとつまみ
  - ベーキングパウダー — ひとつまみ
- b
  - 牛乳 — 15g
  - 植物油 — 40g
  - バニラオイル — 少々

フィリング
- スイートチョコレート — 60g
- 植物油 — 60g
- バニラオイル — 少々
- 卵 — 2個
- グラニュー糖 — 60g
- プレーンヨーグルト — 20g
- 薄力粉 — 20g
- キャラメルクリーム（P.82参照） — 80g

○ 下準備
- aとフィリングの薄力粉をそれぞれふるい、aはボウルに入れる。
- スイートチョコレートを刻む。
- 卵を室温にもどす。
- バットに切り込みなしのオーブンシートを敷く（P.93参照）。
- オーブンを180℃に予熱する。

○ 作り方

1. ショートブレッドを作る。aの粉類をカードで外側に寄せて中心にくぼみを作り、bを加える。泡立て器でbの部分をとろりとするまでよく混ぜる。
2. 周りの粉をカードでbにかぶせ、粉が半分くらい混ざったら、切るようにしてさらに混ぜる。
3. 粉っぽさがなくなり、全体がしっとりとしてきたら、カードで生地を半分に切って重ね、軽く手で押さえる作業を2〜3回くり返す。
4. バットの底に3をちぎってのせ、手で押し広げて、全体に敷き詰める（P.48参照）。フォークで全体に穴を開ける。
5. 180℃のオーブンで20分焼く。
6. フィリングを作る。スイートチョコレートを耐熱ボウルに入れ、電子レンジで40秒加熱して溶かす。
7. 植物油を少しずつ加え、泡立て器で混ぜる。バニラオイルを加え、よく混ぜる。
8. 別のボウルに卵とグラニュー糖を入れて、泡立て器で軽く泡立てる。
9. 7を加えて粘りが出るまでよく混ぜ、ヨーグルト、薄力粉を順に加え、泡立て器でそのつど混ぜる。
10. 焼き上がった5に9を流し入れ、全体に広げて平らにならす。キャラメルクリームをスプーンで回しかけるように落とす（写真A）。
11. 180℃のオーブンで20分焼き、焼き上がったらバットごと網に移して粗熱をとる。粗熱がとれたらバットから取り出す。

A

2章　贈りものに、差し入れに　ほめられおやつ

レモンバー

Lemon Bars

作り方 → P.52

ベリークランブルバー

Berry Crumble Bars

作り方→P.53

レモンバー

保存 冷蔵で3日間／冷凍で2週間（食べるときは冷蔵庫で自然解凍）

さっくりとしたショートブレッドに、レモンのアパレイユを流して焼くだけで、
レモンカードのような、なめらかな食感が楽しめます。
レモンのシロップ煮をのせて華やかに。

○ 材料（20.5×16×3cmのバット1個分）

ショートブレッド

a 薄力粉 — 100g
　きび砂糖 — 30g
　塩 — ひとつまみ
　ベーキングパウダー — ひとつまみ

b 牛乳 — 15g
　植物油 — 40g
　バニラオイル — 少々

アパレイユ

サワークリーム — 50g
グラニュー糖 — 50g
コーンスターチ — 10g
卵 — 1個
レモン汁 — 40g
水 — 10g
レモンの皮（すりおろし）— 1個分
生クリーム — 50g

レモンスライスのシロップ煮

レモン — 1個
グラニュー糖 — 100g
水 — 100g

○ 下準備

・ aとコーンスターチをそれぞれふるい、aはボウルに入れる。
・ レモンの皮はゼスターなどですりおろす（P.23参照）。
・ シロップ煮のレモンは両端を落とし、4〜5mmの厚さにスライスする。
・ バットに切り込みなしのオーブンシートを敷く（P.93参照）。
・ オーブンを180℃に予熱する。

○ 作り方

1 ショートブレッドを作る。aの粉類をカードで外側に寄せて中心にくぼみを作り、bを加える。泡立て器でbの部分をとろりとするまでよく混ぜる。

2 周りの粉をカードでbにかぶせ、粉が半分くらい混ざったら、切るようにしてさらに混ぜる。

3 粉っぽさがなくなり、全体がしっとりとしてきたら、カードで生地を半分に切って重ね、軽く手で押さえる作業を2〜3回くり返す。

4 バットの底に3をちぎってのせ、手で押し広げて、全体に敷き詰める（P.48参照）。フォークで全体に穴を開ける。

5 180℃のオーブンで25分焼く。

6 アパレイユを作る。サワークリームとグラニュー糖をボウルに入れ、泡立て器でなめらかになるまで混ぜる。残りのアパレイユの材料を順に加え、そのつどよく混ぜる。

7 焼き上がった5に6を流し入れ、160℃のオーブンで20分焼く。

8 焼き上がったらバットごと網に移して冷まし、完全に冷めたらバットから取り出す。

9 レモンスライスのシロップ煮を作る。グラニュー糖と水を鍋に入れて沸騰させ、レモンスライスを加え、弱火で10分ほど煮る。そのまま冷まし、汁をきって8の上にのせる。

ベリークランブルバー

保存 ： 冷蔵で3日間／冷凍で2週間

クランブル生地を土台とトッピングの両方に使った、
手軽に作れるバータイプの焼き菓子。
とろりとした、酸味のあるベリーのフィリングは、クランブルと相性抜群です。

○ 材料（20.5×16×3cmのバット1個分）

クランブル

a 薄力粉 — 150g
きび砂糖 — 50g
シナモンパウダー — 小さじ⅓
ベーキングパウダー — ひとつまみ
塩 — ひとつまみ

オートミール — 40g

b 植物油 — 60g
バニラオイル — 少々

フィリング

ミックスベリー（冷凍）— 200g
＊凍っている状態で使用。
グラニュー糖 — 20g
コーンスターチ — 小さじ2
レモン汁 — 小さじ1

○ 下準備

・ aを合わせてボウルにふるう。
・ バットに切り込みを入れたオーブンシートを敷く（P.93参照）。
・ オーブンを190℃に予熱する。

○ 作り方

1 クランブルを作る。aとオートミールをボウルに入れ、bを加えてカードでさっくりと混ぜたあと、指先でポロポロの状態にする（P.88参照）。
2 別のボウルにフィリングの材料をすべて入れ、ゴムべらで混ぜ合わせる。
3 1の⅔量をバットの底に敷き、手でギュッと押さえ、全体に敷き詰める。
4 2を入れて全体に広げ、残りの1を散らす。190℃のオーブンで30分、180℃に下げて10分焼く。
5 焼き上がったらオーブンシートごと網に移して粗熱をとる。

Almond Tart

アーモンドタルト

保存 冷蔵で1週間／冷凍で2週間

型を使わず手軽に作れるタルト。
アーモンドクリームにヨーグルトを少し加えるだけで、しっとりとした食感に。
生地を薄く焼いているので、ピザのように手に持って食べるのがおすすめです。

○ 材料（直径21cmの円形1個分）

アーモンドクリーム
- 卵 — 1個
- きび砂糖 — 40g
- 植物油 — 40g
- アーモンドパウダー — 40g
- プレーンヨーグルト — 小さじ1
- ラム酒 — 小さじ1
- 薄力粉 — 小さじ1

タルト生地
- a｜薄力粉 — 110g
- ｜アーモンドパウダー — 10g
- ｜塩 — ひとつまみ
- ｜ベーキングパウダー — ひとつまみ
- b｜植物油 — 40g
- ｜きび砂糖 — 25g
- ｜牛乳 — 20g
- ｜バニラオイル — 少々
- アーモンドスライス — 大さじ2

○ 下準備
- アーモンドクリームの薄力粉と**a**はそれぞれふるい、**a**はボウルに入れる。
- 卵を室温にもどす。
- オーブンを190℃に予熱する。

○ 作り方

1 アーモンドクリームを作る。ボウルに卵からラム酒までの材料を順に加え、泡立て器でそのつど混ぜる。薄力粉を加え、ゴムべらでむらなく混ぜる。

2 タルト生地を作る。**a**の粉類をカードで外側に寄せて中心にくぼみを作り、**b**を加える。泡立て器で**b**の部分をとろりとするまでよく混ぜる。

3 周りの粉をカードで**b**にかぶせ、粉が半分くらい混ざったら、切るようにしてさらに混ぜる。

4 粉っぽさがなくなり、全体がしっとりとしてきたら、カードで生地を半分に切って重ね、軽く手で押さえる作業を2〜3回くり返す。

5 オーブンシートを敷いた台に生地を取り出し、ラップをかけ、めん棒で直径25cmくらいの円形にのばし、ラップを外す。

6 縁を指で丸めて（写真**A**）、直径21cmくらいの円形に整える（写真**B**）。指先を生地の内側からあてながら、縁を指でつまみ、波形にする（写真**C**）。

7 生地の底全体にフォークでできるだけ多く穴を開ける。オーブンシートごと天板の上にのせ、**1**を流し入れる。

8 アーモンドスライスを散らして190℃のオーブンで20分焼く。焼き上がったら、網に移して粗熱をとる。

A

B

C

2章　贈りものに、差し入れに　ほめられおやつ

Prune and Tea Tart

プルーンと紅茶のタルト

保存　冷蔵で1週間／冷凍で2週間

プルーンとアールグレイの風味がしっかり感じられるタルトは、紅茶のお供にぴったり。
ヨーグルトに浸したプルーンで、しっとり濃厚な生地に仕上がります。

○ 材料（直径21cmの円形1個分）

プルーン入りアーモンドクリーム
- 卵 — 1個
- きび砂糖 — 50g
- 植物油 — 40g
- アーモンドパウダー — 40g
- a ┃ ドライプルーン — 40g
　　┃ プレーンヨーグルト — 30g
- アールグレイティー（ティーバッグ） — 1袋
- 薄力粉 — 5g

タルト生地
- b ┃ 薄力粉 — 110g
　　┃ アーモンドパウダー — 10g
　　┃ 塩 — ひとつまみ
　　┃ ベーキングパウダー — ひとつまみ
- c ┃ 植物油 — 40g
　　┃ きび砂糖 — 25g
　　┃ 牛乳 — 20g
　　┃ バニラオイル — 少々
- オートミール — 大さじ1

○ 下準備

- アーモンドクリームの薄力粉と **a** はそれぞれふるい、**a** はボウルに入れる。
- アールグレイティーはティーバッグから茶葉を出し、アーモンドクリームの薄力粉に加えて混ぜる。
- 卵を室温にもどす。
- **a** のドライプルーンは1cm角に切り、ヨーグルトと混ぜ合わせて10分ほど置く。
- オーブンを190℃に予熱する。

○ 作り方

1. プルーン入りアーモンドクリームを作る。ボウルに卵からアーモンドパウダーまでの材料を順に加え、泡立て器でそのつど混ぜる。**a** を加えて混ぜ、茶葉と合わせた薄力粉を加え、ゴムべらでむらなく混ぜる。
2. タルト生地を作る。**b** の粉類をカードで外側に寄せて中心にくぼみを作り、**c** を加える。泡立て器で **c** の部分をとろりとするまでよく混ぜる。
3. 周りの粉をカードで **c** にかぶせ、粉が半分くらい混ざったら、切るようにしてさらに混ぜる。
4. 粉っぽさがなくなり、全体がしっとりとしてきたら、カードで生地を半分に切って重ね、軽く手で押さえる作業を2〜3回くり返す。
5. オーブンシートを敷いた台に生地を取り出し、ラップをかけ、めん棒で直径25cmくらいの円形にのばし、ラップを外す。
6. 縁を指で丸めて、直径21cmくらいの円形に整える。指先を生地の内側からあてながら、縁を指でつまみ、波形にする（P.55参照）。
7. 生地の底全体にフォークでできるだけ多く穴を開ける。オーブンシートごと天板の上にのせ、**1** を流し入れる。
8. オートミールを散らして190℃のオーブンで20分焼く。焼き上がったら、網に移して粗熱をとる。

2章　贈りものに、差し入れに　ほめられおやつ

57

Tarte au Sucre

タルト・オ・シュクル

保存 冷蔵で1週間／冷凍で2週間

タルト・オ・シュクルとは「砂糖のタルト」という意味。
名前通りのシンプルなタルトですが、
卵とカソナードで作るアパレイユは驚くほどコクがあり、
しみじみとしたおいしさを感じられます。

○ 材料（直径21cmの円形1個分）

アパレイユ
- 卵 — 1個
- カソナードまたはきび砂糖 — 60g
- 植物油 — 15g
- プレーンヨーグルト — 15g

パイ生地
a | 薄力粉 — 100g
　 | きび砂糖 — 小さじ2
　 | ベーキングパウダー — 小さじ¼
　 | 塩 — 小さじ⅕

b | 植物油 — 35g
　 | 水 — 15g
　 | 牛乳 — 10g

○ 下準備
- aを合わせてボウルにふるう。
- 卵を室温にもどす。
- オーブンを200℃に予熱する。

○ 作り方

1 アパレイユの材料を順にボウルに入れて泡立て器で混ぜ合わせる。

2 パイ生地を作る。aの粉類をカードで外側に寄せて中心にくぼみを作り、bを加える。泡立て器でbの部分をとろりとするまでよく混ぜる。

3 周りの粉をカードでbにかぶせ、粉が半分くらい混ざったら、切るようにしてさらに混ぜる。

4 粉っぽさがなくなり、全体がしっとりとしてきたら、カードで生地を半分に切って重ね、軽く手で押さえる作業を2〜3回くり返す。

5 オーブンシートを敷いた台に生地を取り出し、ラップをかけ、めん棒で直径24cmくらいの円形にのばし、ラップを外す。

6 縁を指で丸めて、直径20cmくらいの円形に整える（P.55参照）。生地の底全体にフォークでできるだけ多く穴を開ける。オーブンシートごと天板の上にのせ、1を流し入れる。

＊1が入りきらないときは、5分焼いたら取り出し、残りの1を流してから15分焼く。

7 200℃のオーブンで20分焼く。焼き上がったら、網に移して粗熱をとる。

2章 贈りものに、差し入れに ほめられおやつ

59

Apple Dumplings

丸ごとアップルパイ

保存　冷蔵で3日間

りんごを電子レンジで軽く加熱しておくことで、焼き時間を短縮できます。
中に詰めた砂糖とコーンスターチが、りんごから出る果汁にとろみをつけてソースになり、
サクサクのパイ生地と好相性。

○ **材料（1個分）**

りんご — 1個（170～200g）

フィリング

a　バニラオイル — 少々
　　きび砂糖 — 15g
　　コーンスターチ — 小さじ1

パイ生地

b　薄力粉 — 100g
　　きび砂糖 — 10g
　　ベーキングパウダー — 小さじ¼
　　シナモンパウダー — 少々
　　塩 — 小さじ¼

c　植物油 — 35g
　　水 — 20g

アーモンドパウダー — 小さじ2
シナモンスティック — 1本
溶き卵 — 適量

○ **下準備**

・aを混ぜ合わせておく。
・bを合わせてボウルにふるう。
・オーブンを200℃に予熱する。

○ **作り方**

1　りんごは洗ってナイフで7～8か所切れ目を入れ、ヘタのある方を下にしてラップにくるみ、電子レンジで1分30～40秒加熱する。底まで突き抜けないようにナイフなどで芯を取り除く（写真A、B）。

2　1のりんごの穴にバニラオイルをふり入れ、aを詰める。

3　パイ生地を作る。bの粉類をカードで外側に寄せて中心にくぼみを作り、cを加える。泡立て器でcの部分をとろりとするまでよく混ぜる。

4　周りの粉をカードでcにかぶせ、粉が半分くらい混ざったら、切るようにしてさらに混ぜる。

5　粉っぽさがなくなり、全体がしっとりとしてきたら、カードで生地を半分に切って重ね、軽く手で押さえる作業を2～3回くり返す。

6　飾り用に10g取り置き、オーブンシートを敷いた台に残りの生地を取り出し、めん棒で直径18cmくらいの円形にのばす。りんごをのせる中心部分を残して更に周りにのばし、直径24cmの円形にする。

7　円の中央にアーモンドパウダーをふって2をのせ、オーブンシートごと生地を持ち上げながら、2を包む（写真C）。周りから手で押さえ、生地とりんごを密着させる（写真D）。

8　飾り用の生地を3mm厚さくらいにのばし、ナイフで葉っぱの形に切って、葉脈を描く。7の上に貼りつけ、シナモンスティックを中心に刺し込む。

9　表面全体に溶き卵を刷毛で塗り、フォークで数か所、穴をあける。オーブンシートごと天板にのせ、200℃のオーブンで25分、190℃に下げて10分焼く。焼き上がったら、網に移して粗熱をとる。

＊焼き上がりのパイ皮が割れていたら、軍手をした手で熱いうちにギュッと押さえてくっつける。

＊冷蔵保存したものは、食べる分だけ切り分け、電子レンジでラップなしで20～30秒温めてもよい。そのあと軽くトースターで温めると食感がもどる。

A

C

B

D

3章

ちょっと特別感にひたれる
冷たいデザート

フルフルのゼリーやとろんと口どけのよいプリンなど、冷たいデザートは見た目も華やかで、季節を問わず食べたくなる、気分が上がるお菓子です。どれも作りやすいバットでできる分量をベースに紹介しているので、まとめて作って食べる分だけ取り分けてください。

Menu

*Kanten , Annin tofu , Fruit Punch ,
Pudding , Jelly , Panna Cotta ,
Bavarois , Tiramisu , Frozen Yogurt*

作り置き&保存方法のコツ

- 常温に放置せず、粗熱がとれたら冷蔵または冷凍庫に入れて保存する。
- バットなどにまとめて作るものは、食べる分だけを取り分ける。
- バットごと保存するときはラップで容器をおおい、密閉させる(ふたのあるものならなおよい)。

オレンジ寒天

保存　冷蔵で3日間

ひっくり返したらオレンジのかわいい形が現れるデザート寒天。
粉寒天の量を控えめにして、口の中でほどけるような食感に。
オレンジジュースにマーマレードを加えているので、
しっかりとしたオレンジの味が感じられます。

○ 材料（20.5×16×3cmのバット1個分）
a｜オレンジジュース（果汁100%） — 300g
　｜粉寒天 — 小さじ½
オレンジマーマレード — 30g
オレンジ — 2個

○ 下準備
・ オレンジは上下を切って皮をむき、それぞれ3等分の輪切りにする。

○ 作り方
1　aを鍋に入れて泡立て器で混ぜながら強めの中火にかけ、沸騰したら弱火にし、混ぜながら2分煮立たせる。
2　火からおろし、マーマレードを加えて溶かす。ボウルに移して氷水にあてながら45℃くらいまで冷ます。
3　バットにオレンジを並べ、2を流し入れて冷蔵庫で冷やし固める（写真A）。

A

3章　ちょっと特別感にひたれる　冷たいデザート

杏仁豆腐　保存　冷蔵で3日間

牛乳の割合が少ない、ツルンとした食感のさっぱり味の杏仁豆腐。
フルーツポンチやフルーツ缶詰を添えると色鮮やかなデザートになります。

○ 材料（20.5×16×3cmのバット1個分）

a ┃ グラニュー糖 — 30g
　 ┃ 杏仁霜（P.17参照）— 15g

b ┃ 水 — 300g
　 ┃ 粉寒天 — 小さじ⅔

牛乳 — 100g
フルーツポンチ（下記参照）
またはフルーツ缶詰 — 適量

○ 下準備
・牛乳を耐熱容器に入れ、
　電子レンジで40秒加熱して軽く温める。

○ 作り方

1. aをボウルに入れて泡立て器でよく混ぜ、温めた牛乳を少量ずつ加えながら、ダマのないように混ぜる。
2. bを鍋に入れ、泡立て器で混ぜながら、強めの中火にかける。沸騰したら弱火にし、混ぜながら2分煮立てる。
3. 火を止めて1を加えて混ぜ、弱火で1分温める。
4. バットに流し入れる。粗熱がとれたら、冷蔵庫で冷やし固める（写真A）。
5. ナイフで食べやすい大きさに切り分け、フルーツポンチとともに器に盛る。

A

フルーツポンチ　保存　冷蔵で3日間

フルーツポンチは子どもから大人までみんなの人気もの。
フルーツは大きめに切ってからシロップに加えると濁りにくくなります。
少量のお酒は保存性を高めますが、お子さん用には入れずに作ってください。

○ 材料（700mlの保存ビン1本分）

パイナップル（生・カット）— 200g
キウイフルーツ — 1個
りんご — ½個
オレンジ — 1個
ブルーベリー — 20個
シロップ
a ┃ 水 — 400g
　 ┃ グラニュー糖 — 80g
　　キルシュ — 小さじ1
　　レモン汁 — ½個分（20g）

○ 下準備
・フルーツは皮をむき、
　食べやすい大きさに切る。

○ 作り方

1. シロップを作る。aを鍋に入れて強火にかけ、沸騰したら火を止めてキルシュを加えて混ぜる。
2. 1をボウルに移し、レモン汁を加えて混ぜる。氷水にあてながら冷やす。
3. フルーツを加え、冷蔵庫で半日ほど冷やす。

なめらかプリン

Smooth Pudding

作り方→ P.70

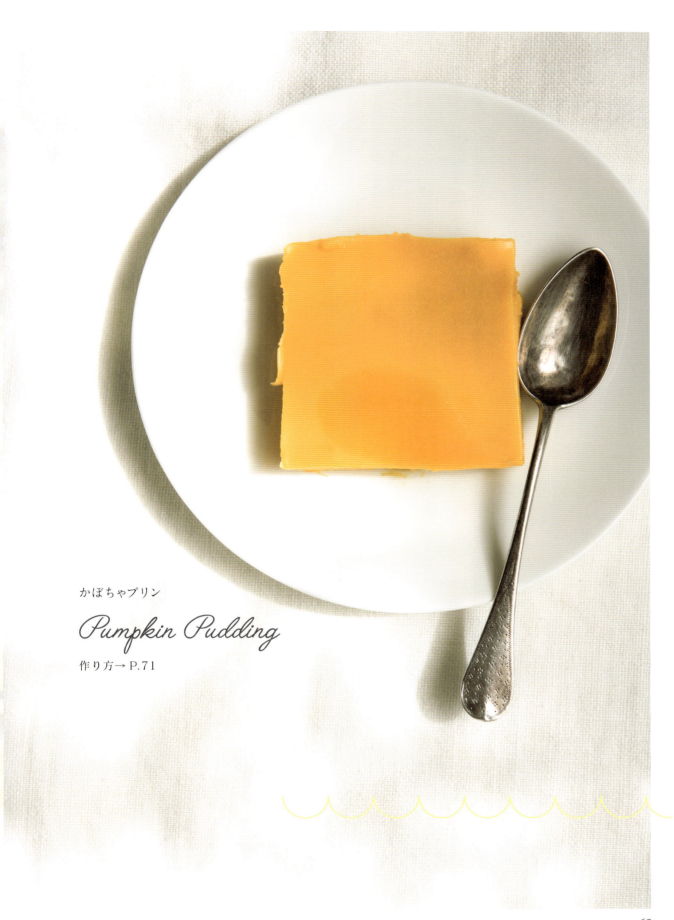

かぼちゃプリン

Pumpkin Pudding

作り方→ P.71

なめらかプリン

保存 冷蔵で3日間

卵黄を多めに配合したプリンは、生クリームなしでも
クリーミーでなめらかな食感に。
取り分けのいらない容器は保存に最適。
バットに薄く流すと、より一層口当たりよく仕上がります。

○ 材料（120mlの耐熱容器5個分、または20.5×16×3cmのバット1個分）

a｜牛乳 — 400g
　｜バニラビーンズ — ⅓本
卵 — 1個
卵黄 — 3個分
グラニュー糖 — 50g

キャラメルソース
　グラニュー糖 — 60g
　熱湯 — 30g

○ 下準備
・ aのバニラビーンズは縦半分に切り開き、中から黒い粒々を取り出し、さやとともに牛乳に加えておく。
・ オーブンを170℃に予熱する。

○ 作り方
1 aを鍋に入れて中火にかけ、沸騰直前まで温めて火を止める。
2 ボウルに卵と卵黄を入れて泡立て器で溶きほぐし、グラニュー糖を加えてよく混ぜる。
3 2に少しずつ1を加え、そのつどよく混ぜ、裏ごしする。
4 容器に等分、またはバットに流し入れる。容器の場合はペーパータオルを敷いた大きめのバットにのせ、熱湯を底から2cmの高さまで注ぐ（写真A）。
＊バットの場合は、ペーパータオルを敷いた天板にのせ、バットの半分の高さまで天板に湯を注ぐ。
5 天板に4をのせ、オーブンの温度を160℃に下げて15分焼く。アルミホイルをかぶせ、150℃に下げて25分焼く。バットの場合も同様に焼く。
6 焼き上がったら湯から取り出して粗熱をとり、冷蔵庫で2時間以上冷やす。
7 キャラメルソースを作る。小鍋にグラニュー糖を入れて火にかけ、鍋を回しながら均一に火をとおす。キャラメル色になったら火を止め、熱湯を注ぎ入れる。鍋底をぬれ布巾の上に置いて沸騰を落ち着かせ、容器に移す。冷めたら6の上にかける。

70

かぼちゃプリン

保存　冷蔵で3日間

オーブンで焼くタイプが多いですが、
こちらは冷やし固めるタイプ。卵を使わないので、
かぼちゃの味がストレートに伝わります。
かぼちゃは竹串が通るまで、十分に加熱してください。

○ 材料（20.5×16×3cmのバット1個分）
かぼちゃ（種は取り除く）— 300g
グラニュー糖 — 70g
シナモンパウダー — 少々
牛乳 — 200g
a｜粉ゼラチン — 5g
　｜水 — 20g
生クリーム — 70g
メープルシロップ — 適宜

○ 下準備
・ aの粉ゼラチンを水にふり入れてふやかす。

○ 作り方
1　かぼちゃは、水でさっと洗ってラップにくるみ、電子レンジで3分加熱する。取り出して5cm角に切り、耐熱皿に並べてラップをかぶせ、さらに3分加熱して竹串が通るくらいやわらかくなったら皮をむく。
2　かぼちゃをボウルに入れ、グラニュー糖とシナモンパウダーを加え、ゴムべらで混ぜる。
3　半量の牛乳を耐熱容器に入れ、電子レンジで1分10秒加熱し、aを加えて溶かす。
4　2に3を数回に分けて加え、そのつど泡立て器でよく混ぜる。残りの牛乳を数回に分けて加え、そのつどよく混ぜ、裏ごしする。
5　生クリームを加えて混ぜ、氷水にあて、ゴムべらで混ぜながらとろみがつくまで冷やす。
6　バットに流し入れ、冷蔵庫で1時間冷やし固める。好みでメープルシロップをかけていただく。

3章　ちょっと特別感にひたれる　冷たいデザート

グレープフルーツのゼリー

保存　冷蔵で3日間

グレープフルーツジュースをゼラチンでゆるやかに固めたゼリー。
ごろっとしたグレープフルーツの果肉にゼリーがからんでとってもジューシー。
オレンジ寒天と作り比べるのもおすすめ。

○ 材料（100mlの容器5個分、
または20.5×16×3cmのバット1個分）
グレープフルーツ（ホワイト、ルビー）— 各1個
グレープフルーツジュース（果汁100％）— 300g
グラニュー糖 — 30g
a ｜ 粉ゼラチン — 5g
　｜ 水 — 30g

○ 下準備
・ グレープフルーツは皮をむいて果肉を取り出す。
・ a の粉ゼラチンを水にふり入れてふやかす。

○ 作り方
1 ⅓量のグレープフルーツジュースとグラニュー糖を耐熱容器に入れて電子レンジで1分加熱し、a を加えて溶かす。
2 ボウルに移し、残りのグレープフルーツジュースを数回に分けて加え、そのつど泡立て器で混ぜる。
3 ボウルの底を氷水にあて、ゴムべらで混ぜながら、とろみがつくまで冷やす。
4 容器またはバットに流し入れ、果肉を入れ、冷蔵庫で2時間以上冷やす。

紅茶のパンナコッタ

保存 ： 冷蔵で3日間

アールグレイの茶葉を使ったパンナコッタは、口中に紅茶の風味が広がる上品な味わい。
しっかりと固まるぎりぎりの量のゼラチンなので、フルフルとゆれる口どけを楽しめます。

○ 材料（120mlの容器4個分、
または20.5×16×3cmのバット1個分）

- a│アールグレイティーの茶葉 ─ 15g
  │熱湯 ─ 50g
- b│牛乳 ─ 250g
  │生クリーム ─ 80g
  │グラニュー糖 ─ 50g
- c│粉ゼラチン ─ 5g
  │水 ─ 20g
- ミント ─ 適宜

○ 下準備
・ cの粉ゼラチンを水にふり入れてふやかす。

○ 作り方
1 aを鍋に入れ、ふたをして3分蒸らす。
2 bを加えて中火にかけ、沸騰直前まで温めて火を止める。
3 ボウルとこし網を重ね、2をこす。茶葉を網に押しつけ、できるだけ水分をきるようにする。
4 cを加えて溶かし、ボウルの底を氷水にあて、ゴムべらで混ぜながら冷ます。
5 とろみがついてきたら、容器またはバットに流し入れ、冷蔵庫で2時間以上冷やし固める。好みでミントの葉を飾る。

＊なめらかプリンのキャラメルソース（P.70参照）をかけてもおいしい。

3章 ちょっと特別感にひたれる 冷たいデザート

Tea Panna Cotta

73

バニラババロア

保存　冷蔵で3日間／冷凍で1週間（食べるときは冷蔵庫で自然解凍）

生クリームをしっかり泡立ててから加えた、シュワッと軽い口どけの
ババロアは、新鮮な食感で、ついついたくさん食べてしまいます。
ラズベリーの心地よい酸味がアクセントに。

○ 材料（100mlの容器5個分、または20.5×16×3cmのバット1個分）

a｜ 牛乳 ― 120g
　｜ バニラビーンズ ― ¼本

b｜ 卵黄 ― 2個分
　｜ グラニュー糖 ― 40g

c｜ 粉ゼラチン ― 5g
　｜ 水 ― 20g

キルシュ ― 小さじ1
生クリーム ― 150g

ラズベリーソース

d｜ ラズベリー（冷凍） ― 50g
　｜ グラニュー糖 ― 小さじ1
　｜ 水 ― 小さじ1

キルシュ ― 小さじ½

○ 下準備

・ aのバニラビーンズは縦半分に切り開き、中から黒い粒々を取り出し、
　さやとともに牛乳に加えておく。

・ cの粉ゼラチンを水にふり入れてふやかす。

○ 作り方

1　aを鍋に入れて中火にかけ、沸騰直前まで温めて火を止める。

2　耐熱ボウルにbを入れて泡立て器でよく混ぜ、1を少しずつ加え、そのつ
　どよく混ぜる。

3　電子レンジで30秒加熱し、取り出して混ぜ、さらに20秒加熱する。と
　ろみがつくまで同様にもう1回20秒加熱して混ぜる。

4　ボウルとこし網を重ね、3をこす。cを加えて溶かす。

5　キルシュを加えて混ぜ、ボウルの底を氷水にあて、ゴムべらなどで混ぜ
　ながら、とろみがつくまで冷やす。

6　八分立てにした生クリームを2回に分けて加え、そのつど泡立て器で混
　ぜる。

7　器かバットに流し入れ、冷蔵庫で2時間以上冷やし固める。

8　ラズベリーソースを作る。dを耐熱容器に入れ、電子レンジで1分加熱し
　てキルシュを加えて混ぜ、冷ましてから7にかける。

ティラミス

保存 冷蔵で3日間／冷凍で1週間（食べるときは冷蔵庫で自然解凍）

本来は卵黄と卵白を別々に泡立てて作るクリームを、
卵を使わず、手軽に作れる方法でご紹介します。
コーヒーシロップをたっぷり吸ったビスキュイがクリームを引き立てます。

○ **材料（20.5×16×3cmのバット1個分）**

ビスキュイ
　卵白 — 2個分
　グラニュー糖 — 50g
　卵黄 — 2個分
a｜薄力粉 — 30g
　｜コーンスターチ — 20g
粉糖 — 適量

コーヒーシロップ
　インスタントコーヒー（粉） — 大さじ2
　グラニュー糖 — 10g
　熱湯 — 100g

マスカルポーネクリーム
　マスカルポーネチーズ — 150g
　グラニュー糖 — 20g
　生クリーム — 100g

ココアパウダー（砂糖不使用） — 適量

○ **下準備**
- aを合わせてふるう。
- 天板にオーブンシートを敷く。
- オーブンを200℃に予熱する。

○ **作り方**

1 ビスキュイを作る。ボウルに卵白を入れ、ハンドミキサーの高速で軽く角が立つまで泡立てる。グラニュー糖を3回に分けて加えながら、しっかりとした角が立つまで泡立てる。
2 卵黄を加えてゴムべらでサッと混ぜ、aを2回に分けて加え、そのつどさっくりと混ぜる。
3 14～16等分にスプーンですくい、天板の上に間隔をあけて落とす。粉糖を茶こしでふり、180℃に下げたオーブンで11～12分焼く。
4 焼き上がったらオーブンシートごとひっくり返し、シートからビスキュイをはがし取って、網に移して冷ます。
5 コーヒーシロップを作る。インスタントコーヒーとグラニュー糖を容器に入れて混ぜ合わせ、熱湯を加え、混ぜて溶かす。
6 マスカルポーネクリームを作る。マスカルポーネとグラニュー糖をボウルに入れてゴムべらで練り、八分立てにした生クリームを3回に分けて加え、そのつどよく混ぜる。
7 半量の4をバットに敷き詰め、コーヒーシロップを刷毛で塗る（写真A）。6の半量を入れて全体に広げる（写真B）。
8 残りの4を並べ、上から手で押してなじませ（写真C）、同様にコーヒーシロップを塗り、残りの6を流し入れて全体に広げる。冷蔵庫で1時間冷やす。
9 食べる直前にココアパウダーを茶こしでふる。

C

バナナのフローズンヨーグルト
Banana Frozen Yogurt

いちごのフローズンヨーグルト
Strawberry Frozen Yogurt

バナナのフローズンヨーグルト

保存　冷凍で2週間

バナナのねっとりとした食感が、フローズンヨーグルトをなめらかに仕上げます。
少量のレモン汁を加えると色止め効果とさわやかさが加わります。

○ **材料(20.5×16×3cmのバット1個分)**

プレーンヨーグルト ― 120g

a｜ バナナ(大) ― 2本(正味約240g)
　｜ レモン汁 ― 小さじ1

グラニュー糖 ― 30g

メープルシロップ ― 20g

生クリーム ― 60g

○ **下準備**

・ **a**のバナナは皮をむいてフォークでつぶし、
　レモン汁を加えて混ぜる。

・ 生クリームを泡立て器かハンドミキサーで
　九分立てにする。

○ **作り方**

1　プレーンヨーグルトをボウルに入れ、泡立て器でなめらか
　　になるまで混ぜる。

2　**a**、グラニュー糖、メープルシロップを順に加え、そのつ
　　どよく混ぜる。

3　九分立てにした生クリームを加え、ゴムべらで混ぜる。

4　バットに流し入れ、冷凍庫で3時間以上冷やし固める。

いちごのフローズンヨーグルト

保存　冷凍で2週間

いちごの風味を生かした、さわやかなフローズンヨーグルト。生クリームをしっかり泡立てることで、
冷やし固める途中で混ぜなくてもふんわりとした食感に仕上がります。

○ **材料(20.5×16×3cmのバット1個分)**

プレーンヨーグルト ― 200g

a｜ いちご(生または冷凍) ― 160g
　｜ グラニュー糖 ― 70g
　｜ *いちごの甘さによって加減する

生クリーム ― 60g

○ **下準備**

・ 生のいちごはヘタを取る。

・ **a**をボウルに入れ、10分ほど置く。

・ 生クリームを泡立て器かハンドミキサーで
　九分立てにする。

○ **作り方**

1　プレーンヨーグルトをボウルに入れ、泡立て器でなめらか
　　になるまで混ぜる。

2　**a**をミキサーまたはフードプロセッサーでピュレ状にして
　　加えて混ぜる。

3　九分立てにした生クリームを加え、ゴムべらで混ぜる。

4　バットに流し入れ、冷凍庫で3時間以上冷やし固める。

3章　ちょっと特別感にひたれる　冷たいデザート

4章

食べ方自由自在！
ビン詰おやつ

クリームやクランブルなど、トッピングに使っても、そのままでもおいしく食べられるように、食感や味付け、大きさなどを工夫しました。いろいろな食べ方ができるので、お気に入りの食べ方をみつけてください。

Menu

*Cream , Granola ,
Chutney , Crumble*

作り置き&保存方法のコツ

- 保存容器やビンは熱湯で煮沸消毒をする。
- グラノーラ、クランブルは常温で保存。それ以外は冷蔵で保存。
- 常温で保存するものは乾燥剤を入れ、冷蔵で保存するものは、
  そのまま保存容器に入れて保存する。

Caramel Cream

キャラメルクリーム

保存 冷蔵で2週間

クリーミーでなめらかなキャラメルクリームは、作り置きしておくととっても便利。
バゲットに塗ったり、パンケーキに添えたりするほか、
牛乳を加えてキャラメルドリンクにしてもおいしいです。

○ **材料（180g分）**
グラニュー糖 — 100g
水 — 15g
生クリーム — 100g

○ **作り方**
1 鍋にグラニュー糖と水を入れて中火にかけ、沸騰してフツフツと泡立って濃いキャラメル色になったら火を止める（写真A）。
2 生クリームを加え（写真B）、泡立て器で混ぜる。
3 煮沸消毒したビン（P.94参照）に移して、粗熱をとる。

レモンクリーム

保存：冷蔵で3日間

バターを使わなくてもコクのあるレモンクリームが作れます。バニラサブレ（P.10 参照）やバーの土台のショートブレッド（P.48 参照）に塗って食べるのもおすすめです。

○ 材料（150g分）

a
- 卵 — 1個
- グラニュー糖 — 50g
- コーンスターチ — 大さじ1
- レモン汁 — 40g
- 水 — 10g
- レモンの皮（すりおろし）— 1個分

プレーンヨーグルト — 100g（半量になるまで水切りする）

○ 作り方

1 耐熱性のボウルにaを上から順に加え、そのつど泡立て器でよく混ぜる。電子レンジで1分加熱し、取り出して混ぜ、さらに30秒、20秒と加熱して混ぜる作業をくり返す。もったりととろみがついたら、こし網でこし、粗熱をとる。

2 水切りしたヨーグルトを加えて泡立て器でよく混ぜる。

3 煮沸消毒したビン（P.94参照）に移す。

4章　食べ方自由自在！ビン詰おやつ

Lemon Cream

Granola

グラノーラ

保存 常温で2週間

そのままポリポリとつい食べてしまう、
ほどよい甘さのグラノーラ。
ヨーグルトや牛乳をかけるほか、
スコーン生地に加えて焼いてもおいしいです。

○ 材料（30×30cmの天板1枚分）
a｜ オートミール ― 120g
　　アーモンドスライス ― 30g
　　ココナッツロング ― 30g
　　薄力粉 ― 30g
　　きび砂糖 ― 30g
　　塩 ― ひとつまみ
　　シナモンパウダー ― 小さじ1/3
b｜ 植物油 ― 30g
　　牛乳 ― 30g
　　はちみつ ― 30g
　　バニラオイル ― 少々
c｜ レーズン ― 30g
　　ドライクランベリー ― 30g

○ 下準備
・ 天板にオーブンシートを敷く。
・ オーブンを150℃に予熱する。

○ 作り方
1 aをボウルに入れてよく混ぜ、カードで外側に寄せて中心にくぼみを作り、bを加える。泡立て器でbの部分をとろりとするまでよく混ぜる。
2 周りのaをカードでbにかぶせるようにして混ぜる。
3 全体がなじんだら、天板に移して手で広げ、150℃のオーブンで15分焼く。
4 フライ返しなどで全体を混ぜ、外側の焼き色がついた部分と、内側の焼き色のついていない部分を入れ替え、さらに15分焼く。
5 焼き上がったら天板にのせたまま全体を混ぜ、cを加えて混ぜる。天板にのせたまま冷ます。

4章　食べ方自由自在！ビン詰おやつ

フルーツチャツネ
Fruit Chutney
作り方→P.88

クランブル
Crumble
作り方→P.88, 89

抹茶

きな粉　　　プレーン　　　ココア

フルーツチャツネ

保存 | 冷蔵で1か月

電子レンジで手軽に作れる、本格的な味わいのチャツネ。
フルーティーでコクがあり、フルーツケーキに加える（P.38参照）ほか、
クッキーやクラッカーに塗ったり、カレーに加えるなど、さまざまな用途があります。

○ 材料（370g分）

a
- りんご ― 1個
- オレンジマーマレード ― 35g
- きび砂糖 ― 20g
- レモン汁 ― 10g

b
- レーズン ― 120g
- バナナ ― 1本
- シナモンパウダー ― 小さじ½
- オールスパイスパウダー ― ひとつまみ

ラム酒 ― 大さじ1

○ 下準備
- りんごは皮をむいて2mm厚さのいちょう切りにする。
- レーズンは熱湯を通してざるにあけ、水気をキッチンペーパーなどでふき取る。
- バナナは皮をむいてフォークなどでつぶす。

○ 作り方
1 aを合わせて大きめの耐熱ボウルに入れ、ラップをかけて電子レンジで4分半加熱する。
2 ラップをはずしてbを加え、そのまま4分加熱し、一度混ぜてからさらに1分加熱する。
3 ラム酒を加えて混ぜ、フードプロセッサー、なければナイフで刻み、ペースト状にする。

クランブル・プレーン

保存 | 常温で2週間

ざくざくとした食感で、ほんのり塩気が効いたクランブル。トッピングとしてはもちろん、
粒を大きく作って焼くと、クッキー感覚でそのまま食べてもおいしくいただけます。

○ 材料（320g分）

a
- 薄力粉 ― 150g
- きび砂糖 ― 50g
- シナモンパウダー ― 少々
- ベーキングパウダー ― ひとつまみ
- 塩 ― ひとつまみ

オートミール ― 40g

b
- 植物油 ― 60g
- バニラオイル ― 少々

○ 下準備
- aを合わせてふるう。
- 天板にオーブンシートを敷く。
- オーブンを180℃に予熱する。

○ 作り方
1 aとオートミールをボウルに入れ、bを加えてカードでさっくりと混ぜたあと、指先でしっとりしてくるまでほぐしながら、ポロポロの状態にする（写真A）。
2 天板に広げ、180℃のオーブンで10～13分焼く。焼き上がったらオーブンシートごと網の上に移して冷ます。

A

クランブル・抹茶　保存｜常温で2週間

抹茶の苦味が効いた、和風味のクランブル。
隠し味に入れたごまがよいアクセントになっています。

○ 材料（280g分）

a｜ 薄力粉 — 140g
　　抹茶 — 大さじ1（6g）
　　きび砂糖 — 65g
　　ベーキングパウダー — ひとつまみ
　　塩 — ひとつまみ
白炒りごま — 10g
くるみ（ロースト） — 20g
植物油 — 60g

○ 下準備

・ aを合わせてふるう。
・ くるみを包丁で刻む。
・ 天板にオーブンシートを敷く。
・ オーブンを180℃に予熱する。

○ 作り方

1　aと白炒りごま、くるみをボウルに入れ、植物油を加え、カードでさっくりと混ぜたあと、指先でしっとりしてくるまでほぐしながら、ポロポロの状態にする（P.88参照）。
2　クランブル・プレーンと同様に焼いて冷ます（P.88参照）。

クランブル・きな粉　保存｜常温で2週間

少量加えたインスタントコーヒーが、きな粉の香ばしさを引き立てます。

○ 材料（280g分）

a｜ 薄力粉 — 130g
　　きな粉 — 20g
　　きび砂糖 — 50g
　　ベーキングパウダー — ひとつまみ
　　塩 — ひとつまみ
インスタントコーヒー（粉） — 小さじ1
くるみ（ロースト） — 30g
植物油 — 60g

○ 下準備

・ aを合わせてふるう。
・ くるみを包丁で刻む。
・ 天板にオーブンシートを敷く。
・ オーブンを180℃に予熱する。

○ 作り方

1　aとインスタントコーヒー、くるみをボウルに入れ、植物油を加え、カードでさっくりと混ぜたあと、指先でしっとりしてくるまでほぐしながら、ポロポロの状態にする（P.88参照）。
2　クランブル・プレーンと同様に焼いて冷ます（P.88参照）。

クランブル・ココア　保存｜常温で2週間

ココアとヘーゼルナッツの相性が抜群で、一度食べ始めたら止まらないおいしさです。

○ 材料（270g分）

a｜ 薄力粉 — 130g
　　ココアパウダー（砂糖不使用） — 20g
　　きび砂糖 — 60g
　　ベーキングパウダー — ひとつまみ
　　シナモンパウダー — 少々
ヘーゼルナッツ（ロースト） — 30g
b｜ 植物油 — 50g
　　バニラオイル — 少々

○ 下準備

・ aを合わせてふるう。
・ ヘーゼルナッツを包丁で刻む。
・ 天板にオーブンシートを敷く。
・ オーブンを180℃に予熱する。

○ 作り方

1　aとヘーゼルナッツをボウルに入れ、bを加えてカードでさっくりと混ぜたあと、指先でしっとりしてくるまでほぐしながら、ポロポロの状態にする（P.88参照）。
2　クランブル・プレーンと同様に焼いて冷ます（P.88参照）。

4章　食べ方自由自在！ ビン詰おやつ

お重で楽しむ
お菓子のおせち

わが家のお正月の定番になっているのがお菓子のおせちです。
食べたいお菓子をお重に詰めたらどうかしら、
と作り始めたのが今から7年くらい前のこと。
せっかくなので、食べないときでも楽しめるように、
ふたをしていても中が見える透明のお重を用意して、
お菓子を詰めています。
いつもはクッキーや小さなタルト、マカロンなどを詰めていますが、
今回はこの本で紹介したお菓子を詰めてみました。
保存できるお菓子は茶色が多くなりがちなので、
彩りのよいものを合わせるとテーブルがパッと華やぎます。
いつものおせちに加え、作り置きのお菓子で新年を迎える……。
こんな楽しみ方を試してみませんか?

詰め方のコツ

○ 大きなものから端に詰めるとバランスよく詰められる。
○ パウンドケーキなど、大きいサイズのお菓子は食べやすくカットして並べる。
○ ミルクティークッキーのように同じクッキーを違う面を見せながら詰めると動きが出る。
○ 黒糖くるみのボールクッキーや、クランブル・抹茶のように、すき間に入る
　小さなお菓子を準備しておくと便利。

360度見渡せるアクリルケース。
お菓子を入れる向きを工夫すれば、
表情が変わって、楽しいお重に。

一の重

バナナブレッド（P.36）
フルーツケーキ（P.38）
ジンジャークッキー（P.12）
ミルクティークッキー（P.20）

二の重

フラップジャック（P.27）
カプチーノビスコッティ（P.26）
オレンジといちじくのビスコッティ（P.26）
黒糖くるみのボールクッキー（P.16）

三の重

クランブル・抹茶（P.87）
プルーンと紅茶のタルト（P.56）
コーンミールサブレ（P.24）

91

基本の材料

本書で使用した主な材料を紹介します。スーパーやネットで購入可能なものばかりですが、同じものが手に入らない場合は、あるものを使ってください。

薄力粉
「特宝笠（トクタカラガサ）」を使用しています。ふわっと軽く焼き上がるのが特徴。1kg入りから購入できます。

きび砂糖
レシピによってグラニュー糖や黒糖を使っていますが、基本的にはコクがあって使いやすいきび砂糖を使用。

キャノーラ油
どんなレシピにも合うクセのないキャノーラ油を使用。太白ごま油や菜種油なども、クセが少なく、向いています。

卵
Mサイズ（1個約55g＝卵黄約20g、卵白約35g）を使用。ケーキなどの生地をふんわり、しっとり仕上げてくれ、プリンやババロアに欠かせない存在。

牛乳
焼き菓子に加えると風味が増し、冷たいデザートには欠かせない素材の一つ。成分無調整のものを使用。

生クリーム
リッチな味わいや、ふわっとなめらかな食感を楽しめます。脂肪分35～38％のさらっとしたタイプを使用。

プレーンヨーグルト
しっとりとした食感や、さっぱり感、コクをプラスできます。砂糖不使用のプレーンタイプなら手に入るものでOK。

ベーキングパウダー
膨張剤。ケーキはもちろん、サクッとした口当たりにしたいサブレなどにも使用。アルミフリーのものがおすすめ。

バニラオイル
バニラの甘い香りは、少量加えるだけでぐんと風味が増します。熱を加えても香りが残るオイルタイプを使用。

チョコレート
主にドロップタイプの製菓用のチョコレートを使っています。スイートチョコレートはカカオ分55％くらいの食べやすいものがおすすめ。

オーブンシートを敷きましょう

パウンド型

1　型の角に合わせて、オーブンシートに4か所切り込み（点線の位置）を入れる。

2　型に沿わせてシートを入れ、長辺のシートの上に短辺のシートがくるように収める。

基本の道具

焼き菓子や冷たいデザート作りに使う基本の道具を紹介します。
泡立て器やカードなど、混ぜるための道具は仕上がりの食感に合わせて使い分けます。

ボウル
直径22cmのボウルを使っています。多くのレシピは一つのボウルに材料を合わせて作りますが、刻んだ材料を入れたり、生クリームを泡立てるのに複数あると便利。

ふるい
粉類をふるうときに使います。持ち手つきのざるは使いやすくておすすめですが、家にあるものを使ってください。

泡立て器
生地に空気を含ませながら混ぜたいときに使います。ボウルの大きさに合うものを使ってください。

カード
生地を練らずに切るように混ぜたり、ボウルに生地をこすりつけるなど、一度に多くの量の材料を混ぜられるのがポイントです。

ゴムべら
生地をさっくり混ぜたいときやソースを作るときに使います。耐熱性のシリコン製が便利です。

スケール
少ない材料も誤差なく計量できるデジタルスケールがおすすめです。1g単位で量れるタイプでOK。

ハンドミキサー
高速でたっぷりと空気を含ませたいときに使います。ふんわりとした食感はハンドミキサーならではなので、あると便利な道具です。

バット
20.5×16×3cmのサイズを使用。焼き菓子の型の代わりや、冷たいお菓子を流して冷やし固めるのに使用しています。

オーブンシートは型やバットに合わせてぴったりと敷くのが、
きれいにおいしく仕上げるコツです。

バット

切り込みを入れない場合
流し込む生地がゆるい場合は、切り込みを入れずにシートを敷く。なるべくバットに沿わせるのがコツ。

切り込みを入れる場合
パウンド型を参照して4か所に切り込みを入れ、バットに沿わせてシートを敷く。長辺のシートの上に短辺のシートがくるように重ねる。

パウンド型
18×8×6cmのサイズの型を使用しています。本書ではブリキのものを使用していますが、使いやすいものでOK。生地を流し入れるときは、オーブンシートを敷いておくと取り出しがラクです。

保存容器

保存期間や入れるお菓子に合わせて、保存容器を使い分けましょう。
湿気やすいもの、乾燥に弱いものなど、食感をキープするためには、保存容器は必要不可欠。
最後までおいしくいただくために、お菓子に合ったものをしっかり選びましょう。

ふたつき容器
ホウロウのふたつき容器は、冷やすタイプのお菓子や焼き菓子の保存など、マルチに使えます。そのままテーブルに出せるスッキリとした見た目もポイント。

密閉ケース
クリアな密閉ケースは、湿気を嫌うクッキーやクランブルなどの保存に最適。中も見えるので、残量の把握もしやすいです。

保存ビン
ゴムパッキンがついた密閉できる保存ビン。湿気やすいビスコッティやグラノーラなどを入れて。汁気のあるゼリーなどを入れるのにも向いています。

耐熱性保存ビン
ふたも一緒に煮沸消毒できる耐熱性の保存ビン。クリームやチャツネなど長期保存したいものはこちらで。ラベルシールにお菓子名や日付を書いて貼っても。

缶
クッキーなど、しっかり焼いたお菓子を詰め合わせて保存します。バリエーション豊富な缶はプレゼントにも最適。かわいい空き缶をとっておくと重宝します。

保存袋
ケーキやタルトなど、乾燥を避けたいお菓子には保存袋を使用します。ラップでくるんでから袋に入れれば、臭いがつきにくく、しっとり感も続き、硬くならずに最後まで食べきれます。

保存時の注意

煮沸消毒
長期保存するときは、ビンを煮沸消毒してから使います。ビンが浸かるくらいの水を入れ、ふたも入れて沸騰させます。ざるなどにあげて自然乾燥させてから、熱い状態の中身を入れてください。

乾燥剤
クッキーやグラノーラは、保存の仕方が悪いとすぐに湿気てしまうので、容器に乾燥剤を入れて保存してください。乾燥剤はシリカゲルやシート式の乾燥剤など何でもOKです。

ラッピング

作り置きのお菓子はちょっとしたプレゼントに最適。受け取った人が思わず笑顔になる、おしゃれでかわいいラッピングアイデアをご紹介します。

透明の保存袋には、見た目も愛らしい小さなクッキーやビスコッティを詰めて。メッセージを一言添えるだけで、気持ちも一緒に伝わります。

油に強いグラシン紙のペーパーバッグにマスキングテープをペタッ。シンプルで飾らないラッピングは、気軽なプレゼントに最適。

オーブンシートにスティック状にカットしたお菓子をくるみ、両端をキャンディの包みのようにねじるだけ。食べやすい個包装は差し入れにもおすすめです。

カラフルなマフィンカップにはクッキーを入れて、袋の端をひもで結びます。もちろん、ケーキでもOK。パーティーなどのおみやげにしても喜ばれそう。

冷たいデザートをビンごとプレゼントするときは、小さめの食べきりサイズがおすすめ。汁もれの心配がない密閉できるふたつきの保存ビンが活躍します。

小包み風のラッピングは、包み紙を模様入りにしたり、ひもをリボンにしたり、組み合わせは無限大。何が入っているのかワクワクする、サプライズ感も楽しめます。

吉川文子（よしかわふみこ）

お菓子研究家。手作りのお菓子を友人に出していたところ、作り方を教えてほしいと言われたのがきっかけで、お菓子教室をスタート。現在、自宅にて、洋菓子教室「kouglof」を主宰。藤野真紀子氏、近藤冬子氏、フランス人パティシエのサントス・アントワーヌ氏に師事。1999年に「きょうの料理大賞」にて、お菓子部門賞を受賞。身近にある材料で、簡単においしく作れるレシピを考案。著書に「バターを使わないパウンドケーキ」、「バターを使わないマフィン」（ともに小社）などがある。

保存できるから
まいにち"おいしい"が食べられる
バターを使わない

作り置きのお菓子

2017年12月20日 初版第1刷発行

著者	吉川文子
発行者	滝口直樹
発行所	株式会社 マイナビ出版
	〒101-0003 東京都千代田区一ツ橋2-6-3
	一ツ橋ビル2F
	TEL　0480-38-6872［注文専用ダイヤル］
	03-3556-2731［販売部］
	03-3556-2735［編集部］
	URL　http://book.mynavi.jp

印刷・製本　シナノ印刷株式会社

デザイン　塚田佳奈（ME&MIRACO）
写真　masaco
スタイリング　曲田有子
取材　守屋かおる
DTP　アーティザンカンパニー
校正　西進社
編集　櫻岡美佳

〔 材料提供 〕
TOMIZ（富澤商店）
TEL　042-776-6488
http://tomiz.com/

〔 撮影協力 〕
UTUWA

○定価はカバーに記載してあります。
○乱丁・落丁本はお取り替えいたします。
お問い合わせは、TEL:0480-38-6872［注文専用ダイヤル］または、電子メール：sas@mynavi.jp までお願いします。
○内容に関するご質問等がございましたら、往復はがき、または封書の場合は返信用切手、返信用封筒を同封の上、マイナビ出版編集2部までお送りください。
○本書は著作権法上の保護を受けています。本書の一部あるいは全部について、著者、発行者の許諾を得ずに無断で複写、複製することは禁じられています。
○本書は卵、牛乳、小麦粉など、アレルギー物質を含む食品を使用したレシピを掲載しております。実際に作る際には、レシピをよくご確認のうえ、ご利用ください。

ISBN978-4-8399-6457-3
C5077
©2017 Mynavi Publishing Corporation
©2017 Fumiko Yoshikawa
Printed in Japan